EL PÁJARO CUERDO

JORDI VIDAL

El pájaro cuerdo

Dietario desordenado

Prólogo de Házael González

EDICIONS (DOCUMENTA) BALEAR

2024

Sumario

Porque no nací en el Mediterráneo
(pero casi),
aquí me tenéis ya de veraneo en Mallorca
junto a mi queridísima prima
(casi hermana) Mailín
que los dioses me raptaron para siempre
en la única foto que tengo con mi abuela
en la casa que nos robaron.

Mi infancia son recuerdos de una base aérea
y recibí a Jesús Sacramentado en San Miguel
el veintitrés
de mayo
del año de Nuestro Señor
de mil novecientos setenta y cuatro.

...mi juventud, quince años en tierras mallorquinas.

Jordi Vidal, el hombre y el mito

Si no le conociera personalmente desde mi más tierna juventud, y hace ya de eso casi tres décadas (cielo santo), me atrevería a decir que Jordi Vidal no es un hombre, sino un mito. Paseante impenitente y cronista de matices que a los demás se nos escapan por aquello de que siempre andamos metidos en múltiples ocupaciones, se entretiene uniendo letras para formar palabras primero y frases después y artículos al final, que versan sobre cosas tan menudas, pero tan interesantes como la cría de cerdos, el coleccionismo de sellos, los caminos desaparecidos a playas que ya no son lo mismo, o esos aires de Mallorca que por mucho que nos pese ya no son iguales que antes. Nostalgias, las justas, pero al César lo que es del César... y menos mal que le tenemos a él para recordárnoslo.

En mi caso particular, le conocí cuando uno de esos rocambolescos sistemas educativos que él tan bien conoce me mandó directamente al instituto donde él estaba dando clases aquel año, una asignatura en la que él no estaba versado y de la que yo jamás había oído hablar: Historia del Arte. Allí llegué yo el primer día, con ánimo de avanzar hacia la vida adulta, la cabeza llena de sueños y cierto sentido de la responsabilidad, y un enorme libro gris que aún conservo y que tenía (y tiene) fotografías hermosas. Jordi apareció por la puerta con su bigote de señor profesor, y lo primero que preguntó fue si alguien había traído el libro de texto. Yo, diligentemente sentado en primera fila, respondí con orgullo que por supuesto... y él me contestó una frase que jamás podría olvidar: «Es que yo no lo he traído, porque pesa mucho». Con semejante respuesta, sabía que nos íbamos a llevar bien, y así fue. En una edad en la que está uno necesitado de referentes adecuados, Jordi Vidal fue un faro cultural y contracultural que (él lo sabe de sobra) definió mi presente y mi futuro de una forma que no podía sospechar en aquel entonces. Porque yo era un joven aspirante a artista o a escritor o a cualquier cosa que no fuera lo convencional, y él era un profesor que escuchaba a los Beatles y a Pink Floyd, que tocaba la guitarra, y que en clase ponía diapositivas de obras de arte y las explicaba con gracia y talento. Es por eso por lo que yo me decidí a estudiar algo como Historia del Arte, porque a fin de cuentas, y cuando pude ver cómo era la vida de Jordi, pensé que no estaría nada mal que la mía fuese algo parecido...

Y mira por dónde, en todos estos años, nos hemos visto crecer. Porque primero fue mi profesor, luego mi referente, y luego mi amigo... y también mi mentor, con sus artículos escritos acá y allá, sus dibujos, y hasta sus dos óperas-rock. Y cuando por fin yo publiqué mi primer libro, compuesto por artículos dedicados a la música de cine (otro campo que él también me había abierto, llevándome hasta esa Associació Balear d'Amics de les Bandes Sonores de la que aún ambos somos miembros), era de justicia poética, que fuera él quien me dedicase un epílogo, que cerró con una frase que aún hoy me causa un indisimulado orgullo: «El alumno ahora ya es maestro en la materia».

Así que hoy, emocionado, soy yo el que le devuelve el favor, explicándoles a todos ustedes que sí, que Jordi Vidal existe y no es mito, y aquí lo tienen para comprobarlo. Porque aquí van a encontrar una miscelánea textual que incluye desde personalísimas recomendaciones hasta una entrevista a un coronel que estuvo en Sidi Ifni, pasando por análisis de sus queridos Beatles, e incluso poemas y textos que consiguió publicar (¡por fin!) en su anhelada *Bolsa de pipas*. Relájense, déjense llevar por sentimientos y sensaciones que creían perdidos y en los que no se habían fijado antes, y disfruten del vuelo por la mente de un hombre que vale la pena conocer...

HÁZAEL GONZÁLEZ,
escritor y paseante aficionado

Frasco escolar

Sirvan estas páginas inéditas como homenaje a esos que me acompañaron en mi tierna e intelectual infancia, los a veces olvidados libros de texto, rechazados hasta en las librerías de segunda mano, muchas veces pintarrajeados. Y no solo los míos, también los de mi hermana, que leía con dos años de antelación esos septiembres con olor a nuevo, o los que leía a escondidas, como un libro de mi padre titulado *Inglés para adultos*, que a mí me impresionaba tanto, a ver si descubría algo prohibido en su interior. Aparte queda el *Monitor Salvat*, que era una enciclopedia en doce tomos de color marfil y que hoy en día se halla, de algún trastero en el ángulo oscuro, silenciosa y cubierta de polvo. «A-astra, astro-cali», y así hasta la Z. Si por la tarde veía un murciélago, por la noche me levantaba a buscar información sobre los quirópteros, hasta que mi padre, mosqueado, me enviaba a la cama, pero más que nada por no molestar a un canario que dormía junto a la librería. «Vas a despertar al pájaro», me decía. Era verano y costaba dormir. La consulta era en calzoncillos. Mi padre aprovechaba entonces para fumar, y yo volvía a la radio con *Medianoche*, un programa de misterio y terror.

Durante esos años se estilaron los libros de texto acompañados de las famosas «Fichas de enseñanza individualizada».

Aprendimos a leer con la cartilla y con libros de lectura en voz alta, como *Mundo Nuevo*. El pastel se lo repartían Anaya y Santillana.

He de decir que los libros que voy a describir formaban parte del ahora llamado currículum de Sociales y Naturales, y eran unos tochos de mayor volumen que muchos manuales universitarios de hoy en día. Ahora me fijo en detalles como quiénes eran sus autores o los ilustradores. Sus datos pueden ser consultados en el catálogo de la Biblioteca Nacional.

Uno de mis favoritos fue siempre el *Consultor*, que me vaticinaba la próxima aparición del cometa Haley, que pasó en 1986 y celebré con un libro de Asimov. El *Consultor* de la editorial Santillana era un libraco de 4º de EGB (todavía no sé si decíamos EGB o elemental, pues eran los inicios de la Ley de Educación del setenta). Lo leí mucho en verano e impresiona hojearlo ahora, pues contiene material que me sirvió para la carrera. Tenía 432 páginas y sus autores firmaban bajo el colectivo «Departamento de Investigaciones Educativas de Santillana SA». Mi capítulo favorito era «Niños savajes».

Otro compañero de macuto a destacar, y mucho más conocido, fue el *Cosmos* de 5º de EGB, del llamado grupo Anaya, con sus regiones naturales, que aprovechaba para mutilar Cataluña (llamada región del Nordeste) y situar Lérida (sic) en la Depresión del Ebro. Ahora mismo no lo encuentro y no puedo dar más detalles.

Para finalizar, un curioso libro de mi hermana titulado *Diploma*, donde hablaban por primera vez de unidades didácticas, como «El albañil» o «La patata. Sus autores formaban parte del «Gabinete Pedagógico de Santillana», y estaba destinado al tercer curso de enseñanza primaria.

El planeta rojo[1]

I. Características generales de Marte

Uno puede apreciar con claridad las dimensiones de Marte comparadas con las de la Tierra. Marte es un cuerpo celeste de intermedio tamaño entre la Tierra y la Luna. Su diámetro (6.760 km), aproximadamente la mitad del de la Tierra (12.796 km) y el doble del lunar (3.473 km). Su volumen viene a ser unas siete veces más pequeño que el de la Tierra, y unas siete veces mayor que el de la Luna. La aceleración de la gravedad en la superficie de Marte es tan solo el 38 % de la correspondiente a la de la superficie de la Tierra. Ello significa que un astronauta, que con su traje espacial pesase 100 kg en la Tierra, pesaría 38 kg en Marte.

Marte tarda 678 días terrestres en dar una vuelta completa alrededor del Sol, por tanto, el año marciano dura casi el doble que el año terrestre; el día marciano es de 24 horas y 37 minutos. El eje de giro está inclinado 24 grados y medio con respecto al plano de su órbita solar (es decir, el planeta está inclinado como la Tierra) y esta inclinación es la causa de que haya estaciones en Marte pero más largas que las terrestres.

---

[1] Primera y segunda parte (corregidas) del primer artículo que publiqué, a los 14 años, en *El estornudo* 1 y 2 (enero y febrero de 1979, respectivamente), revista editada en ciclostil en el Colegio Nacional Gabriel Alzamora López, hoy CEIP Escola Graduada, de Palma.

La órbita de Marte es un poco excéntrica, con la consecuencia de que su distancia al Sol varía bastante a lo largo de cada revolución. Alcanza un máximo de 209 millones de km (afelio) y un mínimo de 207 millones de km (perihelio). La diferencia es, pues, de dos millones de kilómetros. Comparándolo con la Tierra, las distancias máximas y mínimas de esta oscilan entre 152 y 147 millones de km.

II. ¿Hay vida en Marte?

En la primera parte vimos las características generales del planeta rojo. En esta parte vamos a comentar lo que más importa de Marte, ¿hay vida?

Hemos visto algunas semejanzas entre Marte y la Tierra, y hay otras como que los casquetes polares se extienden en invierno, reduciéndose en verano. Y también, como en la Tierra, varias coloraciones –franjas verdinegras, pardas y rojizas– cambian al compás de las estaciones. Parece tentador pensar que esas franjas sean zonas de vegetación, quizás líquenes o algo más desarrollado.

Antes de la era espacial, que hubiera vida en Marte era considerado como una probabilidad, más que una posibilidad, y todos se preguntaban si la vida era primitiva o inteligente. Las franjas pardas aparentaban ideas de primitivismo. Por el contrario, el astrónomo italiano Schiaparelli había señalado la existencia de canales, que parecían demostrar vida inteligente, allá por 1877.

Pero nadie pudo ver los canales y pensaron que las franjas podían ser simples reflejos minerales. En cuanto a las temperaturas, en la estación calurosa pueden alcanzar 21 grados centígrados, pero pueden descender a -57 durante la noche. Los polos son las zonas más frías, y las condiciones de vida son más duras que en la Tierra.

Después de la era espacial han disminuido mucho las posibilidades de hallar vida en Marte, pues la superficie de Marte se parece a la de la Luna, es decir, es estéril. Más tarde, el *Viking I* y el *Viking II*, que han aterrizado o amartizado en la superficie, analizan las arenas de Marte, pero yo pienso y pongo un ejemplo: imaginemos que unos extraterrestres aterrizan en el Sáhara, ¿es que los *Vikings* no podrían haber amartizado justamente en dos desiertos marcianos? Con el tiempo se sabrá la respuesta.[2]

---

[2] En plena Guerra Fría, una nave soviética averiada fue abandonada en Siberia y al transmitir los datos llegó a la conclusión de que en la Tierra no había vida.

Retratos[3]

Ya lo decía Lovecraft: el monstruo era indescriptible, y a continuación lo describía de la cabeza a los pies.

I

Algo sencillo, sin grandes dificultades. Un hombre que va por la calle y se encuentra a otro. Ahora hay que dotarle de apariencia externa. Se puede decir que es de talla media, afeitado, que camina algo deprisa. Parece inquieto. Podemos ponerle sombrero y paraguas porque hace frío y llueve. La calle está desierta, son las diez de la noche y ya ha oscurecido. Poco a poco se van ensamblando las piezas de este rompecabezas. Falta ordenarlo todo un poco y darle un estilo. Aquel hombre parece huir de algo o de alguien. La intemperie azota su cara. La calle es oscura, solitaria y encharcada. A lo lejos algo brilla y corroe las aceras, amenazante. El corazón late, pero no se detiene. La respiración, el pulso, todo está en tensión. Suda.

---

[3] Reelaboración de un cuento de 1986. Formó parte del proyecto editorial «Rollos macabeos», a base de fotocopias.

II

Aquel hombre no se preocupa de evitar el intenso frío que azota su cara. El chapoteo de sus zapatos interrumpe el silencio. Amenaza tormenta. Una sombra se acerca, pero no tiene miedo y a lo lejos se divisa un caminante.

III

Sus cabellos son dorados. Tiene la frente amplia y limpia. Sus ojos son castaños. La barbilla se muestra desnuda. En el cuello, una bufanda gris. Brazos delgados, manos finas y seguramente suaves. Robustas piernas le sostienen. Sus pies pequeños le acomplejan. No sabemos cómo se llama ni en qué trabaja, pero me cruzo con él por la calle y me queda grabada su imagen.

Los dos mundos[4]

El grupo es pequeño, y digo pequeño, porque somos pocos los que cada sábado, encadenados a una mesa, y tras habernos librado del resacoso imperio mórfico, reiniciamos el ritual creado por Tertuliano, el apologista cartaginés y latino, romano y cristiano, hace ya casi cuatrocientos lustros.

Rodean la tabla, llena de vasos y platos, cuatro o cinco hablanchines sedientos; cuatro o cinco llaneros ávidos de palabra; cuatro o cinco que aguantamos hasta que, ganosos de regresar a casa, nos dividimos.

Circuye a estos cuatro o cinco o más personajes otro mundo de rubias y rúbeas criaturas de bermeja sonrisa y mirada azur, beldades que quedan entre sí en voz alta y que pasan las tardes juntas.

Y acordonados por el mismo tiempo y diferente destino, los dos mundos se alejan bajo la vítrea mirada de la oronda mole de color pan, torreada y que ya da las dos.

---

[4] Publicado en la revista *POR* núm. 9 (1988). La revista *POR*, del colectivo de la Nova Degeneració Poètica, estaba dirigida por Salvador Bonet.

El teletipo de objetos perdidos
del aeropuerto de Palma

nnn
zczc   239   10241324
qd   pmikkib   pmillib
.fralzyp   240745 / oct   89
pdm
u r g e n t
attn. mr. v i d a l xx   pls chk if wheelchair of pax mrs.
schwarz
on flt ll 733 of 23oct pmi-fra is foundx she need it urgent-
lyx
pls   adv   asap   if   p o s or n e g x
tks   coop
brgds   mr. jubel /   s.   Chinnow

Que viene a significar que una alemana había perdido su
silla de ruedas en el trayecto Palma-Frankfurt el día 23 de
octubre de 1989, cuando Jordi Vidal trabajaba en Iberia.

Breve historia del duro[5]

En 1997 desaparece de nuestros bolsillos ese entrañable amigo de cuproníquel con el que compramos cosas desde el año 1957. En mi caso un corte de tres sabores. En España son conocidos desde el siglo XVI como pesos duros las monedas de plata de ocho reales, después treinta sueldos, veinte reales o dos escudos en diferentes momentos del siglo XIX, hasta que en 1868 nace como moneda de cinco pesetas.

Se conocen monedas de cinco pesetas de plata del Gobierno Provisional, de Amadeo I, Alfonso XII y Alfonso XIII. En Puerto Rico y Filipinas se emitieron piezas equivalentes de un peso entre 1885 y 1897.

Después de la Guerra Civil, Franco ordenó la acuñación de duros de níquel de 15 gramos, reducidos a 5,7 gramos en 1957, que son los que hemos conocido todos. La fecha de emisión se sabe por las cifras que aparecen en una estrella, junto al escudo.

Llegó el reinado de Juan Carlos I (1975) y se inició la acuñación de la nueva moneda de cinco pesetas, con un diseño diferente: desaparece el lema *Caudillo de España por la Gracia*

---

[5] Publicado en *Diario de Mallorca*, 4.12.1996 y en catalán en *Diari de Balears*, 22.12.1996. Lo último que compré en pesetas fue un periódico y un «chupa chup», el 31 de diciembre de 2001 por la tarde.

de Dios y aparece el escudo de la Familia Real en el reverso. En 1980 se iniciaron las emisiones del Campeonato Mundial de Fútbol España '82.

A partir de 1989 el duro ha quedado reducido a una moneda de unos tres gramos de peso.

Año nuevo, duro nuevo.

Get Bach

Siguiendo el ejemplo de multitud de publicaciones y otros eventos culturales, este año 2000, nos unimos a los fastos con motivo del 250 aniversario de la muerte del compositor alemán Johann Sebastian Bach (1685-1750), posiblemente el más grande de todos los tiempos. Y lo hacemos con una pequeña muestra de cómo ha influido en el rock.

En 1967 los Beatles graban «Penny Lane», y el propio Paul McCartney explica que el arreglo de trompeta piccolo está basado en el tercer movimiento del Segundo Concierto de Brandemburgo. Está interpretada por David Mason. Una trompeta similar suena en «Old Town», de The Corrs. Otros temas con ecos bachianos fueron «In my life», que incluye un solo de espineta (en realidad es un piano acelerado) a cargo del productor George Martin, que buscaba un sonido de teclado de estilo isabelino, y «Blackbird», basado en una pieza para laúd.

Por entonces irrumpe un gran éxito de Procol Harum. Es «A whiter shade of pale», basado en un tema de Bach. En España se tituló «Con su blanca palidez».

En 1968 The Nice publica la suite «Ars longa vita brevis», que incluye «Brandemburger» en su tercer movimiento.

En 1969 Jethro Tull incluye «Boureé» en su álbum *Stand Up*, con la flauta de Anderson en primer término y una gran labor del bajista, Glenn Cornick. Es uno de los temas más calurosamente acogidos en sus conciertos. Otro disco fundamental es el *Switched on Bach* de Walter Carlos (Electronic Realizations and Performances, 1970) que grabó junto a Benjamin Fulkman. Consiste en la transcripción exacta de una serie de piezas de Bach ejecutadas con sintetizadores Moog. Emerson, Lake & Palmer editan el tema «Knife-edge» en su primer LP (1970) en el que incluyen un pasaje de la allemande de la suite en re menor BWV 812; años más tarde en *Works volume 1* (1977) el batería Carl Palmer incluye su «Bach Two Part Invention en D Minor», interpretada por él mismo al vibráfono y James Blades a la marimba.[6]

En el disco *Foxtrot*, del grupo Genesis (1972), Steve Hackett interpretaba a la guitarra «Horizons», basado en el Preludio de la Suite para violonchelo número 1. El grupo holandés Focus aprovechó el coro inicial de la *Pasión según San Mateo* en su tema «Father Bach» del año 1975.

Por su parte, el arreglista de grupos como Pink Floyd, Michael Kamen, compuso su canción «Winter Child» a partir de las Variaciones Goldberg. Y aunque se aleje algo de nuestro tema, recomendamos un disco titulado *Beatles go Baroque*, en el que Peter Breiner interpreta temas de los Beatles según diferentes «estilos», como los que ejecuta bajo el epígrafe «Beatles Concerto Grosso No. 3 in the style of J.S. Bach».

En España, en concreto el año 1969, los Pekenikes grabaron «Aria», sobre un tema de la *Pasión según San Mateo*. Se trataba de «Erbarme dich, mein Gott», escrito para contralto. Acompañados de la Orquesta Manuel de Falla, Alfonso

---

[6] En febrero de 2011 tuve la suerte de ver en directo a Carl Palmer en el Trui Teatre de Palma.

Sainz y compañía sustituyeron el canto solista por la guitarra eléctrica del mallorquín Toni Obrador. Se incluyó en su LP *Alarma!*

Mitología y rock

He aquí cuatro ejemplos de la influencia de la mitología clásica en el rock:

1. El mito de Sísifo (Pink Floyd, 1969)[7]

Cuentan que Sísifo, por haber revelado el secuestro de Egina por parte de Zeus, fue castigado a subir una piedra gigantesca a la cima de una colina y dejarla caer por la otra ladera, cosa que no podía lograr nunca, ya que cuando estaba a punto de llegar a la cima, la piedra rodaba hasta el fondo y debía reanudar la tarea una y otra vez. Esta historia fue recogida, entre otros, por Ovidio (*Metamorfosis* iv, 459) y Albert Camus (*Le Mythe de Sisyphe*, París, 1951), que realizó una revisión existencialista del mito. Todo ello inspiró a Richard Wright para componer e interpretar el tema «Sysyphus», del álbum *Ummagumma* (1969), grabado en los estudios Abbey Road de Londres entre los meses de abril y junio de ese mismo año bajo la producción de Norman Smith. El tema, calificado de «pedantemente grandilocuente» por la revista *Popular 1*, se divide en cuatro partes: la primera se inicia con unos impresionantes timbales y ráfagas de plato que secundan al melo-

---

[7] «El mito de Sísifo», publicado en *Periódico Literario Etcétera* 41 (2003), el resto es inédito.

trón. El segundo movimiento es un solo de piano con algunos toques de percusión. La tercera parte es la más enigmática, llena de efectos. Sierra i Fabra la describió como «un deshilachado encadenar de notas y gritos que van ganando ritmo». La cuarta parte es algo más compleja: un melotrón describe una plácida melodía acompañada por el canto de unos pájaros, un murmullo interrumpido bruscamente por un *fortissimo* de teclados que dan paso a un pasaje de órgano que se funde con el tema principal a modo de coda.

2. «In the wake of Poseidon» (King Crimson, 1970)

Este tema dedicado a Poseidón, dios del mar, se incluyó en el segundo disco de King Crimson, del mismo título. En él tocan Robert Fripp (guitarra y melotrón), Michael Giles (batería), Peter Giles (bajo) y Greg Lake (voz). La letra es de Pete Sinfield y la música es de Fripp. Ambos producen el tema, uno de los más bellos de su discografía.

3. «The three fates» (Emerson, Lake & Palmer, 1970)

En su primer disco de larga duración, este trío interpreta un tema instrumental compuesto por el teclista Keith Emerson, basado en el mito de las tres parcas, los tres destinos, que presiden el nacimiento, matrimonio y muerte de todos los humanos. El nombre en griego es el de las Moiras: Cloto, Láquesis y Átropo, hijas de la Noche. El tema musical comienza con una solemne entrada de órgano, le sigue un solo de piano y al final se une la batería.

4. «The Fountain of Salmacis» (Genesis, 1971)

En 1971 el grupo Genesis incluye este tema en el disco *Nursery Cryme*. Peter Gabriel y compañía se recrean en la leyenda de Hermafrodito. Cuentan que la ninfa Salmacis se enamoró de él, pero Hermafrodito, hijo de Hermes y Afrodita, la rechazó. Entonces, aprovechando que el joven se bañaba, se abalanzó sobre él y suplicó a los dioses que sus cuerpos se unieran, cosa que le concedieron. Hermafrodito pasó, entonces, a ser una divinidad bisexual. Interpretaron el tema, compuesto por el propio grupo, Peter Gabriel, voz solista, flauta y percusión; Tony Banks, teclados, guitarra y coros; Michael Rutherford, bajo, guitarra de doce cuerdas y coros; Steve Hackett, guitarra eléctrica y acústica; Phil Collins, batería, coros y percusión.

Hombrecitos[8]

Parece ser que vuelve a fabricarse el Madelman, esa desigual pareja de baile de la Nancy que creó Manufacturas Delgado S. A., y que ahora regresa, eso sí, con los ojos pintados y pies de verdad, y es que los muñecos originales tenían los ojos de cristal y carecían de pies, una sorpresa que te llevabas cuando los desnudabas, porque eso lo hicimos todos, desnudarlos cuando mamá no miraba. Se quedaban en calzoncillos y nos llamaban para cenar. Lo típico era colocarlos con su pistolita o sus prismáticos e inventarte una aventura, una batalla o un desfile.

El Madelman era el típico regalo de Primera Comunión o Reyes. Todo estaba pensado según fuera tu clase social: había equipo individual para las clases humildes, equipo básico para las clases medias y super equipos para los niños ricos. La caja de estos últimos te llegaba a marear, con tanta cosa dentro. También existía cierto racismo, como el porteador negro del safari, que formaba pareja con el explorador blanco, pero era un gran juguete, objeto hoy en día de un culto exagerado en ferias y mercadillos, presente en infinidad de páginas electró-

---

[8] *El Día de Baleares-El Mundo*, 28.9.2002; una versión en catalán, traducida por Jaume Boada, en *Col·lecciomania* 9 (2003), p. 20.

nicas y hasta en tesis doctorales. Mis primos franceses no habían visto nunca ninguno y asombrados exclamaban una y otra vez «... les petits monsieurs...», y tuvimos que regalarles uno a cada uno.

El hombre rana te lo llevabas a la playa, y lo normal era dejártelo al sol mientras te bebías el Fruco, y entonces quedaba todo pegajoso; el buzo solía acabar en el fondo de una piscina, y los esquimales se perdían enterrados en la nieve del Massanella.

Mis amigos más sádicos les ponían un petardo en la mano o los encerraban en la caja de los gusanos de seda.

La tele

Por casa circulaban las *Aventuras de la televisión*, Bruguera, Barcelona, 1961. Eso me ha animado a contar mi propia experiencia como televidente, ahora que me he pasado a la radio. Primero tuve una tele en blanco y negro, como todos los niños de mi edad. Para poner el UHF había dos cables, uno para cada cadena. Mi hermano Luis casi se electrocutó una vez chupando esos cables. La tele estaba en mi cuarto y yo dormía en un sofá cama que abría cada noche.

Lo primero que vi en color fue un episodio de *Cannon*. Fue en la trastienda de un amigo de mi padre, en la calle Bartolomé Pou de Palma. Para ver *La casa de la pradera* y *Pippi* bajábamos a casa de un vecino que tenía un televisor enorme. Los personajes de *Vickie el vikingo* y los monstruos mecánicos de *Mazinger Z* los dibujaba yo en directo y luego me los llevaba al colegio.

La primera tele en color en casa fue una Elbe de color rojo. El día que la trajeron no comí de la emoción. En clase fardabas si habías visto *Heidi* en colores. Yo decía: si algún día tenemos televisión en color, miraré hasta «Reflexión», que era un programa religioso que emitían antes del cierre. La Elbe duró hasta que Matas (que luego llegó a ser ministro) nos vendió una Sony con Trinitón.

Grandes frustraciones en blanco y negro: no me dejaron ver el final de *King Kong* (la escena de los rascacielos) ni el primer episodio de *Kung fu* (el de la piedra) porque a las diez me enviaban a dormir.

Poema de los programas más emblemáticos

Un, dos, tres
Vickie el vikingo
Furia, del color del azabache
Kung fu
Heidi
La Casa de la Pradera
Mazinger Z
Yo, Claudio
Raíces
V

Mis juguetes favoritos

A modo de esas columnas en las que, de vez en cuando, sus autores confiesan no saber de qué hablar, recuerdo, por ejemplo, el *Exín Castillos* o el *Lego*, con los que jugaba a ser arquitecto o ingeniero, respectivamente, o el primer juguete que me compré, *Pesca 4*, unas cañas con un imán y unos peces escondidos que picaban y sacabas por una esquina. Me costó cien pesetas y lo compré en la juguetería Pam Pam, en las Galerías Avenidas de Palma. De los que me trajeron los Reyes, destaco el sofisticado *Rescate espacial*, un helicóptero que recogía a unos astronautas en alta mar. Con el *Xilomatic*, mezcla de organillo y pianola, podías componer música a base de colores; con el *Picassín* pintabas cuadros abstractos, y con el *Quimicefa* podías quemar tu casa. Con los madelmans celebraba misas.

En cuanto a juegos de mesa, el *Monopoly* y *La gran cacería*.

La Selectividad boca arriba[9]

Todos esperamos frente a las puertas de Magisterio. No conozco a nadie, no he podido ir al servicio y entro a empujones en una gran sala. Me he sentado en una silla dotada de un saliente para apoyar el brazo. Uno se ha quejado porque es zurdo y lo cambian de sitio. Un señor no deja de gritar y repite una y otra vez que solamente lo va a decir una vez, que no le hagamos pardaladas y que escribamos en las hojas que nos dan. Se refiere a unos pliegos de un papel muy fino, la tinta se resbala y hasta el boli parece que suda. No se oye ni una mosca, y es porque una hora antes se han pasado con el Bloom Hogar y Plantas. A mí se me oye el corazón delator, y no dejo de tararear algo así como bic naranja, bic cristal, dos escrituras a elegir. De repente –deben ser los nervios– me gotea la nariz y una mancha roja ha estallado en mi primer ejercicio. Además, me noto incómodo. No he tenido más remedio que ponerme a llorar y mi madre, que huele a Heno de Pravia, me ha sacado de la cuna. Parece que riñe a mi padre, que qué hace el bebé durmiendo con un bolígrafo en la mano, que se lo ha metido en la nariz y se ha puesto perdido. Encima se ha hecho caca, y el pañal siempre lo he de cambiar yo, que son las cuatro de la madrugada. Mi madre me mete un pelotazo de algodón con

---

[9] *El Mundo-El Día de Baleares*, 21.6.2002. Relato rechazado por la revista *Casatomada*.

agua oxigenada en la nariz, me cambia el paquete, me pone sábanas nuevas y yo me vuelvo a dormir. Quiero volver a soñar con esa gran sala llena de gente que no conozco. Quiero acabar ese examen de Literatura, que creo que me lo sé todo.

Dentista de cocodrilos[10]

Mis padres duermen la siesta y de repente suena el timbre de abajo. Mi madre, sonámbula, contesta y abre malhumorada. Mi padre pregunta varias veces que quién es a estas horas, que estas no son horas de tocar en una casa decente. Mi madre contesta un enigmático «no sé, un censo». Al acercarse a abrir la puerta de la entrada, vuelve a preguntar. «Una encuesta del Obispado», responden al otro lado, «permítanme unas preguntas». Mi madre ha confundido encuesta con censo, o algo parecido. Abre y un gigante irrumpe e interrumpe la paz mediterránea de una familia de clase media. «¿Ustedes van a misa? ¿Leen la Biblia? ¿Creen que la juventud va a misa?» Mi padre le atiende medio dormido y le dice que sí, que todavía la gente va a misa. Mi madre se aleja hacia la cocina con la intención de preparar un café y murmulla que ya nadie va a misa, y menos la juventud. «Son horas de descansar», repite mi madre desde los fogones. «Veo que les interesan los temas religiosos. Verán, traigo aquí una Biblia ilustrada que...». El gigante abre su maletín y aparece una gran Biblia junto a varios libros de cocina. «Nosotros ya tenemos Biblia, mire, esta... la Biblia de Chicago... es buena». Mi madre comenta que la lee-

---

[10] *El Mundo-El Día de Baleares*, 18.4.2002. La Biblia de Chicago, de «La Prensa Católica», era la típica expuesta en el recibidor de muchos hogares españoles.

mos a menudo en familia. «¿Son ustedes protestantes?», pregunta el que ya hemos calificado como vendedor. «No, *ca!*, somos católicos apostólicos romanos». «Y este hijo mío –mi padre señala a mi hermano– es biólogo. Ha leído a Darwin, y me ha dicho que los días de la Creación son las eras geológicas». Luego me señala a mí y repite varias veces que estoy en un «istituto» y que doy clases de historia. Mi padre se anima y saca una botella del bar. «Tómese un coñac. No le vamos a comprar nada, pero siéntese y tómese una copita». «Verá, don Manuel...» , «podemos tutearnos, llámame Manolo», «de acuerdo, don Manuel, pero no bebo». «Y dígame, joven, usted que lee la Biblia, ¿el Infierno está en Mercurio, verdad? Es el planeta más caluroso del Sistema Solar. No puede estar en otro sitio». El vendedor ya ve que no tiene nada que hacer y se dispone a partir. «Antes de que se marche, quiero decirle una cosa», «dígame, don Manuel». «Su trabajo es duro, eso de ir por las casas a vender libros debe ser muy cansado, pero yo sé de un oficio más duro que el suyo: dentista de cocodrilos».

Nubes a media asta[11]

El cielo está encamilojosecelado, me dice el amigo Salvador Bonet. Una gran letra de nuestras letras se ha quedado dormido y ya no se ha despertado más, como el amo de Chindo, don Josep, que repetía aquello de *si t'agrada córrer món...*

No tuve el gusto de conocerle en persona, como otros tantos que me han precedido en sus variopintas columnas, aunque fue vecino de mis abuelos, en la Bonanova, y logró que mi familia fuera la única en Mallorca que no construyera moles –decía que le tapaban la vista– y ahora no soy un nuevo rico gracias a él.

Yo fui de los que crecí leyendo los lomos del Círculo de Lectores, y ahí estaba el Pascual Duarte, que devoré casi a escondidas, y me fascinaba por las historias del viajero, en una época que había silencio en las aulas y el dedito repasaba las líneas del *Mundo Nuevo*. Y todos nos reíamos de las orejas de Raúl. Prologó mi primer diccionario de catalán, un texto en el que alababa la riqueza lingüística de este país y en el que daba toda una lección a esa pléyade de acomplejados que defienden en público una lengua hablándole a sus hijos otra, y que exhiben sus ancestrales apellidos mal pronunciados.

---

[11] *El Mundo-El Día de Baleares*, 22.1.2002; reproducido en *Extramundi y los Papeles de Iria Flavia* núm. LIV (2008).

Mi primer trabajo, casi clandestino, consistió en entretener a unos críos en el patio del Camilo, con un chándal y un silbato. Fue la primera vez que alguien me llamó maestro, y eso se agradece.

Ahora leo por las noches la fábula del que todavía no era pescador. Y no dudo de que ya se ha ido de tapas con San Sebastián, con gran enfado por parte de San Mamés.

Illetas con chocolate[12]

Cuando yo era pequeño, los veranos duraban nueve semanas y media. Cada lunes por la noche preparaba los zapatos de goma, las gafas de bucear, los patos, mi lista de peces y un meyba descolorido del año anterior. Sabía que al día siguiente tocaba una ración de Illetas, en el 127 blanco de mi tía. El coche arrancaba y se rezaban un padrenuestro, dos avemarías y un dame, Señor, mirada vigilante y mano firme para llegar a mi destino sin causar daño a nadie. Por la ventanilla trasera izquierda se sucedían el Paseo Marítimo, los barcos grises de Portopí, Marivent, una gasolinera y dos hoteles. Luego venía un semáforo casi en ángulo recto y por fin la barrera del Club Militar.

Con la careta y el tubo de Casa Codina jugaba a «Custó». Respirando como Darth Vader identificaba toda especie viviente que vivía bajo el mar. Tomaba nota con un lápiz y un papel mojado y luego consultaba el Alejandro Navarro, el de las claves dicotómicas. A veces preparaba una carterita con peces copiados de una enciclopedia o de las latas de conservas.

Si había suerte, es decir, cinco duros, se alquilaba un velomar y desembarcábamos en la «illa de sa Torre», a la que

---

[12] *El Mundo-El Día de Baleares*, 19.7.2002. Columna favorita de mis lectores. El «Tan Tan» era un supermercado muy popular de Palma. Y ahora resulta que no buceaba, lo que hacía era *snorkel*.

podíamos llegar incluso a pie, esquivando los erizos. Con una bolsa arrugada del «Tan Tan» atada a un palo nos construíamos una bandera y tomábamos posesión del islote.

A las dos en punto el hambre nos lanzaba hacia los tápers de tortilla de patata, *trempó* y bistec rebozado. Para beber, agua de grifo congelada y un kascol que guardábamos en una neverita con asas. Consumir en el balneario se hubiera considerado un sacrilegio. Cuando sacaban la fruta ya habíamos desaparecido todos y tocaban las tres horas de digestión. Entonces me aventuraba hacia la barrera que nos separaba del mundo exterior e iniciaba el ritual de cada tarde de martes: me acercaba al trasero de los coches aparcados y apuntaba las matrículas, mejor si eran extranjeras, amarillas o negras. Lo hacía «en sucio» y en casa las clasificaba: francesas, inglesas, alemanas, belgas, suizas. Cuando notaba que se acercaba la hora de hacer pis, cerraba mi carpeta azul y volvía al redil, al baño privado para hijos de oficiales.

Antes de la merienda nadaba hasta la balsa, con trampolín y una bolsa de aire verdosa con mucho eco y ruido a submarinos de película. Una voz a lo lejos y a por el pan con chocolate, la ducha y a Palma. Cerca de Marivent, y si los «piojos» eran benévolos, nos parábamos un momento a ver si la Princesa Sofía se paseaba con Felipe, un niño rubio que se parecía al amigo de Pippi Calzaslargas.

Con los años supe que los barcos grises de Portopí eran dragaminas y que un día desaparecieron, como el camino hasta la playa. Cuando me saqué el carnet de conducir me llamaban tonto si no cogía la Vía de Cintura. Que por ahí va el autobús, y supongo que mi tía, si volviera algún martes a nadar en Illetas.

Salvando las distancias con Millás

I. Zuecos suecos[13]

Lo que más me gusta hacer en estas fechas es visitar los almacenes nórdicos de color azul cerca de la finca del malherido. Allí puedes oír frases como que los focos focalizan o elegir el empleado del mes. En un falso plató se suceden cocinas, cuartos de hijo rico y comedores de papá oso. Te rodean parejas políticamente correctas y niños aburridos que suplican por una salchicha más pequeña que un euro. Los ordenadores y las teles son de cartón y en las estanterías se amontonan libros de adorno, como en muchos hogares. Después de tomarte un café aguado en un vaso de plástico, ves un mueble que te gusta, la chica de amarillo lo apunta y te manda a la caja. En la cola hay gente que compra desde un palillo para pinchar salmones a una alfombra lapona, todo con el mismo olor. Cuando te toca, presentas un papelote y la impresora escupe una factura cuadriplicada, te quedas dos copias, las otras van a un cajón. Te diriges a un almacén en el que vuelves a hacer cola, chocas con gente que recoge unas cajas enormes que pesan un montón, y entonces descubres que te han vendido un tente de ma-

---

[13] *El Mundo/El Día de Baleares*, 9.1.2002 (texto muy parecido a una intervención magistral de Juan José Millás en la Cadena SER, veinte años más tarde). El Tente era un Lego a la española.

dera con las instrucciones en veinte idiomas y vas cargado como una mula hasta el coche, con las manos ya raspadas. No hay manera de cerrar el *capot*, quitas unas piezas del asiento que ya volverás a poner, te pitan y te preguntan en alemán si te vas, sale un grandullón del monovolumen de matrícula prusiana y te encaja el fardo acartonado en el trasero del coche, que los europeos deben ayudarse. Te sientas al volante como puedes y cada maniobra es un golpe en el cogote. Si uno se va por donde se indica la salida, puede aparecer en los fiordos del Coll d'en Rabassa. Llegas a casa y en doble fila bajas la mercancía y la dejas en el portal, aparcas y te dispones a ser un niño de nuevo. Empiezas a reventar bolsitas con llaves allen de tamaño ridículo, clavos y topes de madera de árbol de plástico. Pisas varias veces las instrucciones y te pillas los dedos con el martillo sin asa. Izas el invento y está torcido, lo apoyas en la pared y ajustas un poco las tachuelas, te secas el sudor con la garantía y juras no volver nunca más. En vano, por supuesto, que no te pase como a Pepe, que llega a la ciudad y observa, con cara de bobo, que todos se han ido a las rebajas.

II. Eurolandia ni con cola[14]

Un fuerte viento oriental, aliento del dios Jano, ha sacudido nuestros bolsillos y ha multiplicado las odas y elegías al duro, la rubia y los reales. Un soneto al céntimo hemos escrito

---

[14] *El Mundo/El Día de Baleares*, 23.1.2002. Este artículo coincidió con uno muy parecido de Juan José Millás en el *Diario de Mallorca* publicado el mismo día. Alguien me escribió: «Sí, efectivamente, esta mañana he leído el artículo de Millás y he pensado, este ha leído el de Jordi Vidal. Hasta coincidís a la hora de hablar de Imedio al principio y dejar a Sánchez Silva para el final».

jugando al monopoly y a ser extranjeros, todo ello aderezado con las tristes noticias de la tierra plateada, de allende los mares y el baile de cargos sanitarios, *quítate tú, que me pongo yo.* Todos a la casa de Lázaro a resucitar, que ahora ya tenemos transferida hasta la gripe. Enciendo la radio por la mañana y se despide Rodrigo de Santos, que se larga a Cort; por la tarde habla nuestro San Andrés particular con la sotana salpicada de marginación; por la noche me duermen Los Santos en el dial de los obispos, y sueño que un tertuliano nos arregla la universidad, las autopistas, la bolsa de la compra, el alquiler de un vídeo y las acciones. En su tele, Aznar retrasa la actuación de los que triunfan y me pierdo sus gallos.

La última compra en pesetas la realizan Matas y Munar, que pagan además a un profesor de dicción para explicar que la finca ni se llama la rasha ni reisha, como oigo yo en emisoras empapadas de mallorquinismo. Un día antes de las elecciones, allí donde dona Xima volvía loco a los Bearn, se cortará una cinta cuatribarrada con castillitos blancos con fondo morado y se instalarán para siempre los burócratas de oscura oposición, y la sala de las muñecas se convertirá en un inmenso despacho con helipuerto directo hacia Cabrera, que un día fue isla privada, cementerio de franceses, cuartel y ahora basurero de pijos.

Y la muerte del hombre que más veces pegó en España, el padre del que yo creía que era más que un pegamento, porque era pegamento *y medio*, me traslada al recortable y a ese olor a trabajos manuales que la EGB convirtió en pretecnología. Banda azul para el papel y la loza –jamás supe qué era loza– y banda roja para plástico, creo, como el Nescafé, que había también negro y rojo, o los huevos, que eran marrones o blancos. Si el estanco ya había cerrado, pegaba los cromos con *pasteta* de harina y agua, que lo arrugaba todo. Y en el CIDE rellenábamos un bote de Ebro con resina y nos pringábamos los dedos. Pero nada como *Imedio*, con un alfiler que atravesaba el capuchón —eso lo inventaron mis hermanos— y siempre una gota inoportuna sobre la mesa, quitada con el jersey. Nada pudo con el pegamento universal, solo la adolescencia y los cromos autoadhesivos. Ahora lo compro ya todo pegado y bien pegado, y resina, creo que no he vuelto a ver en mi vida.

Otro que se nos ha ido —José María Sánchez-Silva, con quien tanto leí—, que le ha pedido al Señor volver con su querido Marcelino.

El octavo sello[15]

Creo que es el momento de defender la afición a los sellos, que nada tiene que ver con los últimos escándalos aparecidos en la prensa.

El año que viene mis amigos del *Grup Filatèlic i del Col·leccionisme de Palma* van a organizar el Exfilna 2007, un evento que pondrá al alcance de la mano de muchos de nosotros las mejores colecciones de sellos de España, como la de Joan Estelrich (flamante campeón de la edición de Alicante 2005). Será en el mes de abril del año que viene, ahora se marchan a Algeciras a presentar Palma 2007 con todos los honores. La Exposición Nacional de Filatelia se celebra desde los años sesenta, pero fue en 1972, en Córdoba, cuando ya se fijaron las siglas de Exfilna. Como cada año, se emitirá el sello correspondiente, y lo añadiremos a los pocos de temática balear. La nómina la recogí en su día para la revista *El Mirall*: la Seu de Mallorca (1938), formando parte de una serie dedicada a catedrales; el escudo de cuando éramos provincia (1962); personajes como Fray Junípero Serra y Ramon Llull (1963); las cuevas del Drach (1964); el vestido regional (1967); el Castell

---

[15] Reelaboración de *El Mundo-El Día de Baleares*, 12.5.2006. Mi papel en Exfilna 2007, como responsable de medios de comunicación, en *Col·lecciomania* 24 (2007), p. 16. Nunca supe para qué querrían sellos los niños de China.

de Bellver (1970); el del Estatut (1983); la serie navideña de 1984; el 112º aniversario del diario Ultima Hora y del Diario de Ibiza (2005). En 2016 le tocó el turno al RCD Mallorca. Mucho nos tememos que el sello es ya una reliquia del pasado. Hoy las cartas van algo desnudas o con una pegatina, y el correo electrónico se ha impuesto hasta entre los más románticos. Se ha perdido el ritual del corte y de la saliva, el plato lleno de agua para despegar el sello del sobre y el papel de periódico para secarlo, la charnela o el álbum clasificatorio, el catálogo, las mariposas, la flora, los uniformes, el Caudillo, tantos entretenimientos para las tristes tardes de lluvia. Y los repetidos ya no los enviará mi tía a los chinitos.

De todo ello y otras locuras, mis amigos del Club plasman sus experiencias en la revista *Col·lecciomania*, con artículos sobre historia postal, numismática, bibliofilia, vitolas de puro, exposiciones, etc.

Cerdos[16]

De la biblioteca de mi tío abuelo don Antonio, académico, sacamuelas y criador de pollos, destaco el volumen editado por la Diputación Provincial de Baleares en 1949 y que lleva por título *El cerdo mallorquín.* Su autor es don Andrés Torrens, inspector municipal veterinario, que calculó para 1945 una población porcina de 52.410 ejemplares y una densidad de 14,39 cerdos por kilómetro cuadrado. Según las teorías de Kronacher, el cerdo mallorquín es el fruto de la aportación de sucesivas oleadas civilizadoras, partiendo de un supuesto *Sus* prehistórico o primitivo, cuyos especímenes salvajes son de origen continental ibérico, y que fue domesticado por los primeros pobladores de nuestro archipiélago; los romanos se traerían consigo nuevas formas provenientes de la Bética y de la Tarraconense; los vándalos fueron los responsables de la presencia de los arambeles o mamellas características de las partes laterales de la carrillera; bajo el dominio de los árabes, parece que descendió drásticamente su población, cosa evidente por razones religiosas. Está documentada la inexistencia de cerdos entre las ofrendas que los moros brindaron a Jaime I tras la

---

[16] *El Mundo-El Día de Baleares*, 16.11.2003. Columna favorita de Jesús García Marín, el cuñado de mi cuñado, que me dijo: «He leído tus artículos y me han gustado bastante. El dedicado al cerdo, me ha parecido redondo: una maravilla y el más universal de todos. El cerdo, que duda cabe, es el mejor amigo del hombre».

conquista cristiana de la isla en 1229, año de la nueva repoblación a base de cerdos catalanes (*Sus scrofa*) y cerdos napolitanos (*Sus mediterraneus*). En el siglo XVIII los Borbones prohibieron su exportación, absurda veda contra la que luchó incansablemente la Sociedad Económica Mallorquina de Amigos del País. La combinación genésica descrita anteriormente ha dado lugar al cerdo mallorquín actual, también llamado cerdo balear, un animal braquicéfalo y convexilíneo. El abate Rozier (1843) lo describió corto de piernas y de hocico, muy ancho de nalgas; en 1865 el naturalista alemán Pagenstecher observó en ellos movimientos ligeros y vigorosos. Una clasificación según criterios fanerópticos distinguiría especímenes semipelados de capa gris, entrepelados, más oscuros y cerdosos, de intensa pigmentación negra. En cuanto a su aptitud a la hora de convertir sus cuerpos en carne y grasa, se ha observado que los cerdos mallorquines que conviven desde pequeños junto a cerditos extremeños ya destacan por su vocación de ceba, y a la larga alcanzan un mayor peso, lo que les convierte en seres ricos en panículo adiposo, insustituibles en la matanza doméstica.

Idas y avenidas[17]

Ahí están viendo pasar el tiempo y viéndome pasar en mi 205 de color rojo, bajando por los números pares del foso en zigzag de las antiguas murallas, desde la Plaza de España, la avenida Alejandro Rosselló, la Puerta de San Antonio, la avenida Gabriel Alomar i Villalonga (antes del General Primo de Rivera), el Moyer, el bar Nilo, el kiosco; el Colegio Nacional Gabriel Alzamora López (o Escuela Graduada), donde aprendí a despejar incógnitas; los agustinos y Santa Rita, el Rubio y sus granizados; el verdoso antiguo cuartel de Ingenieros, en busca de morera; el Patronato, los fantasmas del cine Gran Vía (después Bellver Cinema), una pista de baloncesto en la que fracasé y una misa de juventud con guitarras, todo ello ahora bajo un *Avenidas Center* de cristal que duró tres meses; la Plaça Porta des Camp (antes llamada Plaza del General García Ruíz), la cruz arrancada de cuajo por unos gamberros, el baratillo de los sábados, el carrito (cortes de duro, chufas y pipas); el número 15 hacia la Playa de Palma, extranjeros que lo esperan; las viviendas militares y la Caja de reclutas, al frente la gasolinera, y por fin el mar todavía azul. Todo ello me pasa cada mañana por la cabeza mientras me alegro

---

[17] *El Mundo-El Día de Baleares*, 20.1.2007. El Lian Chang Po era el río que salía en la serie *La frontera azul*.

de esquivar la vía de cintura. A mediodía los impares, cuesta arriba, tras la curva de GESA y la esquina de Emaya, el cartel de ronda, un patio donde jugaba a fútbol de pequeño, el antiguo economato de Aviación, el edificio Renault, Obras Públicas, una tienda de piscinas, la papelería que se traspapeló; Juanito toreando entre los coches mal aparcados, las hamburguesas del Lian Chang Po y una caravana de bancos y cajas de ahorros de todos los colores, la biblioteca de la Caixa y su antipático portero, y de nuevo la Plaza de España, el ABC y la cola en el Palacio Avenida (o la Sala Augusta, no recuerdo) para ver *Los Diez Mandamientos*, las palomitas y el barómetro.

Didáctica con Disney[18]

Las películas de Disney también son aprovechables en las clases de ESO, aunque parezcan demasiado infantiles. Para temas literarios, podemos aprovechar el episodio de «El aprendiz de brujo», de *Fantasía*, basado en un poema de Goethe; *Alicia en el país de las maravillas* y *Pinocho* (relatos modernos); *Blancanieves, La cenicienta* y *La bella durmiente* (cuentos populares); *La bella y la bestia, El jorobado de Notre Dame* (literatura francesa); *Aladdín* (de *Las mil y una noches*); *Merlín el encantador* (ciclo artúrico); *La sirenita* (cuento de Andersen); *El rey león* (recreación de Hamlet).

Para la asignatura de Música: *Fantasía* y *Fantasía 2000*.

Para Ciencias Sociales, *Hércules* y el episodio de «El Olimpo», de la película *Fantasía*), para mitología clásica; *Robin Hood, Merlín, El jorobado, La bella y la bestia* (Edad Media); *Pocahontas* y *Mulán* (Edad Moderna); el episodio de la Gran Depresión, de *Fantasía 2000* (Edad Contemporánea). Los incendios forestales, en una escena de *Bambi* y en el episodio de «El pájaro de fuego», de *Fantasía 2000*.

Para Religión, el episodio de «El arca de Noé» (de *Fantasía 2000*). Se puede añadir *El príncipe de Egipto*, aunque no sea de Disney.

---

[18] Borrador de un dietario del año 2002. Puedo añadir que el argumento de *Bichos* es el mismo que el de *Los siete samuráis* de Kurosawa.

Para Ciencias Naturales, el origen y evolución de la vida en *Fantasía*. Amor por la naturaleza o ecologismo: *El Libro de la Selva* y *Tarzán*.

Para Inglés, cualquier canción en versión original de estas películas.

El terremoto de Palestina de 1927 a través de una carta de una religiosa mallorquina[19]

Los que confían en Yahveh son como el monte Sión,
que es inamovible, estable para siempre.
(Sal 125, 1)

La carta la envía desde Tierra Santa Magdalena Reynés Font, religiosa reparadora, a sus hermanos Gaspar y Josefa, que se han librado por poco de morir en un accidente, al igual que su cuñado Antonio Moncada. Después de dar gracias a Dios por no tener que lamentar la muerte de nadie, nos informa del terremoto ocurrido en Palestina el 11 de julio de 1927, descrito en la *Encyclopaedia Judaica* como una violenta sacudida que se produjo al norte de Jericó y que afectó grandes áreas, desde el Líbano a Negev y en especial a Transjordania. El balance fue de 350 muertos y 800 edificios destruidos, aunque peor había sido el de 1837, con 5.000 víctimas.

Transcribimos dicha carta a continuación, respetando la ortografía original:

---

[19] Publicado en *Raíces. Revista judía de cultura* (Madrid) 50-51 (2002), p. 83-84. He suprimido las notas a pie de página. La religiosa era hermana de mi abuelo materno. En catalán, en la revista *Segell* número 2 (2006), p. 179-182.

Jerusalen 14 de julio 1927
Mi muy querido hermano.
La paz de Jesús.
Acabo de recibir la carta y lo mismo por lo que en ella me dices como por lo que cuenta el retazo de periódico veo perfectamente fué un verdadero milagro que obró Ntro. Señor en vosotros en el día de la desgracia. Comprendo el mal rato que pasarías tú lo mismo que los que iban en los otros coches y al mismo tiempo ésto da á comprender una vez más que la Stisima Virgen protege á los que le invocan con fé y me alegro infinito os hayais acordado de hacerle una fiesta en acción de gracias. Mi Rda. Madre Superior, lo mismo que todas mis hermanas en Religión se interesan por vosotros y como me pides en la tuya os ayudaremos haciéndole aquí una novena y encenderle una lampara uniendonos á vuestras acciones de gracias. Veo que Josefa es la que ha sufrido las consecuencias de más importancia y me alegro de que siga mejorando.

Supongo en vuestro poder mi último correo que no recuerdo ahora de fijo la fecha, pero que puede ser que lleve la misma del día que la catástrofe. Si así es ya ves como Jesus me quiso aunque no fuese más que con el pensamiento lo mismo á vosotros para que no faltara ninguno de la familia al disponerse á obrar el milagro en vuestro favor. Lo mismo que en espíritu siempre lo estamos, pero el día que os escribo de una manera más real.

También á nosotras Ntro Señor y la Stísima Virgen nos guardaron el día 11 del corriente que tuvimos un fuerte terremoto en la Palestina á las 3 y 5 mtos de la tarde. La sacudida fué verdaderamente fuerte y apesar de esto nuestra casa no ha sufrido grandes consecuencias, solo algunas grietas se abrieron en varias paredes; pero á nosotras gracias á Dios no nos pasó nada á ninguna. En Jerusalen no son tanto de lementar las desgracias ocurridas como en los alrededores que hubo muchos muertos [,] el primer día dijeron que se calculaban unos 600, pero yo creo seran más porque de cada día se oyen nuevas víctimas.

Donde parece fué más sentido fué en el Monte Olivete pues los PP Benedictinos y las Carmelitas del Pater fueron grandemente probados. Estas últimas han escrito una carta dando gracias por las oraciones que hemos ofrecido por ellas que verdaderamente dá lástima. Dicen que no les ha quedado ni una celda, ni un corredor de la casa salvo que si se hubieran encontrado en las celdas hubieran todas sucumbido; que la Iglesia amenaza ruina de un momento á otro y no saben donde poner á Ntro Señor a quien estan sumamente agradecidas en medio de su desgracia de que les haya conservado la vida. Familias enteras han quedado enterradas en los escombros de sus casas y muchas otras Comunidades han tenido considerables pérdidas. Ya ves si puedo decir con razón que Ntro Señor y su Bendita Madre nos guardaron y si estamos obligadas á darles infinitas gracias [,] ayudadnos también vosotros y sabes cuanto te quiere en Jesus tu hermana

María de N. S. de Montesión

La Guerra de Ifni desde el aire[20]

Es una guerra olvidada que pasó casi inadvertida, pero que muchos no olvidarán nunca. Ifni era un territorio enclavado en el suroeste de Marruecos que en el siglo XV ya era explotado por los castellanos. Este pedazo de desierto era conocido como Santa Cruz de Mar Pequeña y fue abandonado en 1524. Siglos más tarde, y a través de los tratados de Tetuán de 1860 y de Wad Ras en 1878, España reivindicó el derecho a instalar una base pesquera, cosa que Francia consintió en 1912. En 1934 el coronel Capaz ocupó Ifni de manera efectiva y pasó a ser administrado por el Gobierno General del África Occidental. Ifni tenía entonces una extensión de 1.500 km cuadrados y una población de 49.889 habitantes, de los cuales un 16,5 % eran europeos y el resto bereberes. La capital, Sidi Ifni, tenía unos 16.000 habitantes. Los recursos económicos de la región se reducían a escasos productos agrícolas, industria alimenticia y de construcción.

En 1956 se produjo la independencia de Marruecos, pero Ifni quedó al margen, hecho que precipitó los acontecimientos que seguidamente relataremos.

---

[20] «La guerra de Ifni desde el aire. Conversación con el Coronel Manuel Vidal Perales». *Cuadernos del Archivo Central de Ceuta* 13 (2004), p. 241-252; en catalán, en la revista *Lluc* 862 (2008), p. 11-14.

El 23 de noviembre de 1957 un grupo de guerrilleros cortó las líneas telegráficas y asaltó algunas posiciones españolas en Ifni. El ataque parece ser que lo organizó un partido llamado *Istiqlal*, y su jefe era un tal Ben Hamu. En diciembre se iniciaron los combates también en el Sahara.

La aviación española actuó desde Gando, donde operaban los CASA Junkers 352 (T2B) del Ala 36 en misiones de transporte de víveres y municiones, y los Grumman Albatross y los helicópteros Sikorsky H.19 de la 56 Escuadrilla de Salvamento. Pronto se requirió la presencia de los CASA Heinkel 2111 de bombardeo (*Pedros*) y de los cazas HA Messerschmitt 1112 del Ala 7 procedentes de El Copero y los North American T6D procedentes de Matacán. La actuación de estos viejos aparatos fue debida a los tratados con Estados Unidos que impedían la utilización del material de origen americano en guerras coloniales, así que los Sabres se quedaron en tierra. Un Grumman del aeródromo de Pollença (Mallorca) fue enviado a Canarias para reforzar los servicios de rescate.

En enero de 1958 entraron en combate los escuadrones de caza. Su labor fue el ataque a tierra con armas fijas: ametralladoras, bombas y cohetes. El transporte de tropas se efectuó en quince Douglas DC-3 del Ala 35 (Getafe) y en tres Bristol de la compañía Aviaco, en un verdadero puente aéreo. También intervino la Marina aportando apoyo logístico. Francia suministró material desde Mauritania. Tras algunos combates, las tropas españolas restablecieron la situación, si bien el proceso de descolonización prosiguió. Para empezar, Madrid creó la provincia de Ifni, regida por un Gobernador General. El mando militar y la policía del territorio dependían del Capitán General de Canarias. En abril de 1958, España cedió la zona de Tarfaya (al norte del Sahara). En septiembre de 1967 la ONU solicitó a España la transmisión de poderes y a finales de año dictó una resolución sobre Ifni y el Sahara. En 1969 el Gobierno de Madrid, presionado por los países árabes, acordó la retrocesión definitiva de Ifni a Marruecos.

En total se perdieron dos *Pedros*, ambos en supuestos accidentes aéreos: uno en agosto de 1957, poco antes del conflicto; otro en abril del año siguiente.

Manuel Vidal Perales (Caniles, 1926-Palma, 2000) pertenecía a la 3ª Promoción de la AGA (1947-1951). De teniente piloto (1951-1956) estuvo destinado en el Tercer Grupo de FFAA (Base Aérea de Son San Juan); de capitán prestó servicios en diferentes destinos: Ala de Transporte n. 35 (Getafe); profesor en la AGA; disponible forzoso en la Región Aérea de Levante; Ala 36 (Gando), cuando participó en la campaña de Ifni como piloto de CASA 352 y Ala 27 de Bombardeo Ligero (Morón y Málaga). En 1963 realizó un curso de lucha antisubmarina en Estados Unidos y finalmente fue destinado al Escuadrón de Cooperación Aeronaval (Jerez). Ascendió a comandante en 1967 y fue destinado de nuevo a Son San Juan. Totalizó 2.216 horas de vuelo. Después pasaría a destinos como el Aeropuerto de Palma de Mallorca y el Centro Coordinador de Salvamento en Son Bonet; de teniente coronel (1977-1983) estuvo en Torrejón y en Son San Juan; finalmente ascendió a coronel y pasó al Sector Aéreo de Baleares. Se jubiló en 1991. Casado con una mallorquina y padre de siete hijos, su vida quedó vinculada para siempre a Mallorca. Falleció en Palma en marzo del año 2000.

El entonces capitán Vidal voló, durante el conflicto de Ifni, en el CASA Junkers 352 en misiones de transporte (víveres, granadas, paracaídas, muebles). Fueron un total de 33 horas de vuelo reconocidas como «de guerra» entre diciembre de 1957 y febrero de 1958. Los vuelos eran, en su mayoría, entre Gando y Sidi Ifni, si bien también realizaba escalas en Villa Bens y Cabo Juby (Tarfaya), Fuerteventura y El Aaiun. Por todo ello recibió una medalla y el reconocimiento del valor acreditado.

De una entrevista que le realicé en 1997 –con motivo del 40 aniversario del conflicto– destacaría lo siguiente:

Jordi Vidal: Fue destinado a Gando el 7 de noviembre de 1957. ¿Fue casualidad o había peligro de guerra?
Manuel Vidal: Yo estaba destinado en la Región Aérea de Levante y me obligaron a ir de manera forzosa. No creo que tuviera nada que ver con una posible guerra.

JV: ¿Cuántos aviones había en Gando?
MV: Había unos cuarenta Junkers. Nosotros éramos unos treinta oficiales.

JV: ¿Había algún oficial mallorquín?
MV: Creo que no, pero puede que en la escuadrilla de Salvamento sí, ya que eran destacados de Pollença.

JV: ¿Cuál fue su primer vuelo de guerra?
MV: El día 1 de diciembre de 1957, transporte en Junkers de fuerzas y material de Gando a Sidi Ifni, un vuelo de casi tres horas. Permanecí en Ifni hasta el día 6.

JV: El CASA Junkers 352 era un buen avión...
MV: El Junkers era un trimotor y estaba ya un poco anticuado.

Era mucho mejor el DC-3. Yo he volado en Heinkel 111, avionetas y en Grumman. Cuando era comandante me detectaron problemas visuales y dejé de volar definitivamente.

JV: Volvemos a la guerra de Ifni: ¿Cuál era la tripulación de un Junkers?
MV: Dos pilotos, un mecánico y un radio.

JV: ¿Cómo era el aeródromo de Ifni?
MV: Era grande, con pista de tierra. Luego la asfaltaron y construyeron un puerto. Todo eso se lo quedó Marruecos. Y me acuerdo de un acantilado impresionante que había al lado de la pista. Una vez casi caí. Por la noche dormíamos en el hospital, y una vez nos evacuaron porque llegaban heridos. Tuve que dormir en un sofá.

JV: ¿Qué llevaban en un avión de transporte?
MV: Lo más normal, víveres y municiones para los legionarios. Una vez se paró un motor y tuvimos que lanzarlo todo al mar, una tonelada de carne. El aterrizaje fue de película.

JV: ¿Había posibilidad de caer bajo el fuego antiaéreo?
MV: En Junkers no, ya que volaba a poca altura; el Heinkel ya era otra cosa. Ellos tenían buena puntería.

JV: ¿Tuvo miedo alguna vez?
MV: A los treinta años no se tiene miedo a nada.

JV: No podían utilizar material americano, ¿lo sabían?
MV: No lo sabíamos. De todas formas, no podían mantenerse ahí los Sabres. Una vez vinieron a hacer una exhibición, pero fue tras la guerra.

JV: ¿Y la aviación marroquí?
MV: No intervino nunca.

JV: ¿Conocía a los tripulantes de los Heinkel que se estrellaron en el desierto?
MV: Conocía a Alberto Antón, de la primera promoción; a Teodoro Laborda, que conocí en el barco que iba a Canarias, y a Javier Herráiz, si bien este era de tropas, no era piloto.

JV: ¿Trasladó prisioneros a Gando?
MV: No. Los prisioneros se quedaban en Ifni.

JV: ¿Cómo eran los civiles bereberes? ¿Qué opinaban de los españoles?
MV: Eran muy reservados y no se metían con nadie. Vivían en tiendas. Eso sí, siempre salíamos armados con pistola, y por la noche nos acompañaba un legionario.

JV: ¿Y su mujer? ¿Qué hacía en Mallorca?
MV: Ella estaba muy orgullosa y permanecía en Palma con sus padres. Ya teníamos tres hijos.

JV: ¿Cómo es la Navidad en Gando?
MV: Me hallaba lejos de la familia, pero me lo pasaba bien con mis compañeros. Comíamos pavo y todo eso. Los días más señalados también volé: el 24 de diciembre, un vuelo de Gando a Cabo-Juby; al día siguiente, dos vuelos sobre Cabo-Juby e Ifni.

JV: Cuéntenos ahora alguna peripecia relacionada con el desierto.
MV: El 16 de agosto de 1959 tuvimos un accidente durante un vuelo de reconocimiento en Heinkel, ya después de la

guerra. Caímos en Uadtin, en el Sahara, paralelo 27,40. Estuvimos perdidos de las 12 a las 6 de la tarde, hasta que nos encontraron después de quemar gasolina para hacer señales. Ya habían enviado un telegrama a mi mujer, pero no a Mallorca, así que no se enteró de nada.

JV: ¿Cómo era la relación con los oficiales de Tierra?
MV: Muy cordial. Su guerra sí que era dura, no como la nuestra.

JV: ¿Sabía que Franco culpaba al «Comunismo Internacional» de la insurrección en Ifni?
MV: No nos preocupaba la política. Nos limitábamos a obedecer.

JV: ¿Y los soldados?
MV: No decían nada. La mayoría eran voluntarios.

JV: ¿Lanzó paracaidistas?
MV: Una vez estuvimos a punto, pero el mal tiempo nos lo impidió.

JV: Le dieron una medalla...
MV: La medalla «Ifni-Sahara», a todos los que participamos en la campaña. Tengo reconocido el «valor acreditado», que no todo el mundo posee.

JV: ¿Qué hay ahora en Ifni?
MV: Ni idea. Un destacamento marroquí, supongo.

JV: ¿Cree que los saharauis prefieren pertenecer a Marruecos?
MV: Creo que no. Preferirían ser una autonomía española.

No son de la misma raza que los marroquíes, son bereberes. Lo del censo es muy complicado, y seguro que harán trampas. Yo estoy a favor de la autodeterminación de los pueblos, por lo tanto, de la independencia de las colonias.

JV: Para acabar, cuéntenos alguna anécdota simpática de esa época.

MV: La primera vez que llegué a Villacisneros descubrí que la langosta era muy barata. En un restaurante pedí tres y solo me pude comer una. Las otras dos las tuve que tirar.

Vidálicas

I. Mi primera ocurrencia

Jugando al veo veo en la cocina: empieza por «ca» y termina por «fetera».

II. El avión

Desde que era pequeño me intrigaba la foto de un caza británico de la Primera Guerra Mundial que aparecía en la página 65 de *Transportes aéreos*, un libro que recuperé hace no mucho en un rastro y que la editorial Salvat distribuía con los fascículos del Monitor. No había manera de identificar de qué avión se trataba hasta hoy. Lo que llamaba la atención de este avión era que tenía la hélice detrás de la cabina, y eso permitía disparar libremente con una ametralladora. Por equivocación pensé que era un Farman, que es muy parecido, hoy ya he comprobado que se trata de un Royal Aircraft Factory FE 2a, porque me acaba de llegar un ejemplar de *Aviones de todo el mundo* a través de *iberlibro.com*; y he completado la difícil misión en la página 95 de *Aircraft of World War I* que compré en Bristol en agosto de 2011.

III. Carmelitas ante la guillotina

Hace años que me fijo en un cuadro que hay en la iglesia de las Teresas de Palma. Se trata de la ejecución en la guillotina de las Carmelitas de Compiègne, el 17 de julio de 1794, en plena Revolución Francesa. Gaspar Valero me lo explicó en su día. Ahora he tenido la suerte de leer la puesta en escena que firmó Georges Bernanos en una edición de 1976 y de escuchar la ópera de Poulenc, *Dialogues des Carmélites*, que es espectacular. Una meditación sobre el miedo, el valor, la muerte y el sentido de la vida.

IV. Los sacos de arena[21]

Haciendo cola en un Mercadona me he acordado de una anécdota que contaba mi padre: un señor pasaba cada día en bicicleta por la frontera dos sacos de arena, y cada día los guardias le obligaban a vaciar los sacos y luego los tenía que volver a llenar, así durante años. Y los guardias se reían de este pobre hombre. Un día, un guardia veterano le preguntó: ¿usted qué hace, contrabando de arena? Y él contestó: no, contrabando de bicicletas. Tal como me lo contó mi padre se lo he contado a una cajera, que me ha dicho de paso que es de madre holandesa. Le he preguntado cómo se pronuncia Cruyff. Y la cola se ha puesto nerviosa y me he ido con un carro lleno de leche, cerveza sin alcohol, sal para el *pa amb oli*, sal para el lavavajillas y Ajax pino para limpiar la casa.

---

[21] *La bolsa de pipas* 100 (2016), p. 97. *La bolsa de Pipas* es una revista literaria dirigida por Román Piña Valls.

V. La luz de la noche

La luz de la noche, de Pietro Citati, me lo regalaron en la Navidad de 1997 y lo acabé de leer ayer. He tardado, por lo tanto, más de veinte años en leerlo. Cada vez me atascaba a la mitad. Creo que es mi récord, juntamente con un libro de Carlos García Gual sobre el rey Arturo y los cuentos de Bustos Domecq, que se me resistieron hasta hace poco.

La luz de la noche es un recorrido por los grandes mitos de la historia universal, las estepas de Asia, la Grecia clásica, China, Perú, México, las mil y una noches, Dante, los cabalistas, la flauta mágica... Un libro que, de todas formas, me recuerda los *Momentos estelares* de Stefan Zweig.

VI. Mahoma

A falta de una, he releído dos biografías de Mahoma durante el confinamiento. La primera es la clásica de Tor Andrae, en una edición que regalaba el diario *El Sol* en mayo de 1991, en dos pequeños tomos. Los compré en Formentera, por cierto. Se corresponde a la edición de Alianza Editorial. Tor Andrae fue un clérigo sueco, profesor y estudioso de la religión comparada. La segunda y más reciente es la de Hartmut Bobzin, en una edición de la Biblioteca ABC de 2004, que compré en Deixalles. Bobzin es doctor en teología semítica y religiones comparadas.

Para completar estas lecturas acudo a la edición de *El Corán* de Julio Cortés, de la editorial Herder, Barcelona, 1986.

VII. El arriero iracundo

Era un cuento que me regalaron un día que estaba enfermo. Nunca supe qué era un arriero ni qué significaba iracundo.

Apuntes culturales de 2014

Estos, y otros apuntes por el estilo, me sirven para deslumbrar a mis colegas a la hora de merendar.

I. Iván el Terrible, zar de Rusia (1533-1584):

– Lectura de su biografía, escrita por Ian Grey, en una edición del Círculo de Lectores (Barcelona, 1966) comprada en el mercadillo de libros de la Misericòrdia por dos euros.

– Película (en dos partes) dirigida por Eisenstein, en una edición de la colección *Grandes Clásicos*, comprada en un rastro por un euro.

– Banda sonora compuesta por Prokofiev (1891-1953) en un cedé editado por Philips (1997): *Ivan the Terrible*, Oratorio Op. 116, con versos de Vladimir Lugovsky. Rotterdam Philharmonic Orchestra, dirigida por Valery Gergiev, 1996.

II. Moby Dick, de Herman Melville:

– Película *Moby Dick*, dirigida por John Huston en 1956 (ciclo «Cinegusta», el 26.11.2013). Con guión de Ray Bradbury, y con Gregory Peck, Richard Basehart y Orson Welles de protagonistas.

– Lecturas: *Moby Dick*, edición para Pryca de la novela, Madrid, 1995 (comprada de segunda mano en la Fundació Deixalles); la versión en cómic de la *Colección Historias Selección*, Bruguera, Barcelona, 1967; el Libro de Jonás (Antiguo Testamento); *Nos amies les baleines* de Jacques-Yves Cousteau y Philippe Diolé, de la editorial Flammarion, 1973 (libro que me encontré en un contenedor de papel en la Colònia de Sant Pere); *Els cetacis a la mar Balear* de Josep M. Brotons. Documenta Balear, Palma, 2002.

– Audición del tema «Moby Dick», del grupo Led Zeppelin.

– Hace poco vi por televisión *En el corazón del mar*, película de 2015, que explica cómo se inspiró Melville a la hora de escribir su inmortal obra.

III. Quincena de *El anillo del Nibelungo* (del 4 al 17 de agosto de 2014):

Ante la imposibilidad de escuchar con calma y sin interferencias la retransmisión radiofónica del Festival de Bayreuth, decido crearme yo mismo un evento particular dedicado a la tetralogía wagneriana.

Música:

– Audición de los catorce discos de *Der Ring des Nibelungen* dirigida por Wolfgang Sawallisch, EMI, 1998.

– Visionado en DVD de *El anillo*, edición del centenario, dirigida por Pierre Boulez (cortesía de la Biblioteca de Cultura Artesana).

Lecturas:

– *El anillo del nibelungo*. Edición bilingüe de Ángel Fernández Mayo. Turner, Madrid, 2003.

– *El libro de la ópera*. Alianza, Madrid, 1987, p. 314-332.

– *Diccionario de la ópera*. Emecé, Barcelona, 1995, p. 511-533.

– Chamberlain, H. S., *El drama wagneriano*. Monografías Montsalvat núm. 5, Nuevo Arte Thor, Barcelona, 1980, p. 150-195.

– Gefaell, M.L., *Los nibelungos*. Noguer, colección «Héroes legendarios». Barcelona, 1969.

– *L'anell dels nibelungs*, adaptació de Joaquim Carbó, Bromera, Alzira, 2004.

Chespirianas

I. Cine y televisión

– En 1989 vi en el cine *Henry V* y en 1993 *Mucho ruido y pocas nueces*, adaptaciones de Kenneth Branagh y de las que tengo las bandas sonoras, ambas de Patrick Doyle.

– El 4 de enero de 2016, *Macbeth* en la Sala Augusta, del director Justin Kurzel (2015), con Michael Fassbender y Marion Cotillard. Macbeth (rey de Escocia 1040-1057), caudillo de los pictos del Norte, llega al poder tras el asesinato del rey Duncan. Personifica la ambición.

– El 27 de abril de 2022, *El hombre del Norte* en el Cine Rívoli. Es una película de vikingos, violenta, espectacular y chamánica. Un argumento calcado a *Hamlet*. La historia de una venganza en pleno siglo IX. Fuego y hachazos. Por cierto, los vikingos o normandos no llevan casco y mucho menos cuernos. En otra película parecida que vi hace poco, *Vikingos*, todos los personajes me parecían iguales y no sé si eran buenos o malos.

– También he visto por televisión (de pago) la *Corona vacía*, miniserie de TV basada, en parte, en *Henry VI* y *Richard III*; y *Coriolanus*, de Ralph Fiennes, una recreación de una Roma contemporánea, con tanques y bombas.

– En DVD vi en su día *El asesinato de Julio César,* con Charlton Heston.

II. Lecturas

– *La tragedia de Macbeth* (Shakespeare), en la edición de José María Valverde (Planeta, Barcelona, 1980) y la versión en catalán de Pere Fullana (Documenta, Palma, 2004). También un prólogo de Borges, en sus *Obras Completas II.*

– Relecturas de *Hamlet*, ediciones de Planeta (introducción, traducción y notas de José M. Valverde) y de la colección RTV, número 11 (traducción de Leandro Fernández de Moratín, prólogo de Juan Guerrero Zamora).

– *Los vikingos*, por Frank R. Donovan. Timun Mas, colección «Hombres y países». Barcelona, 1966.

III. Audiciones en disco compacto

– *Great Shakespeare Films* (Decca, 1989), con música de Walton (*Henry V, Richard III*), Rózsa (*Julius Caesar*) y Shostakóvich (*Hamlet*).

– *Romeo y Julieta* (ballet con música de Prokofiev).

– *Macbeth*, de Verdi, dirigida por Giusepe Sinopoli.

IV. Teatro (Palma)

– *Mesura per mesura.* Iguana Teatre, en el Principal, diciembre de 1996.

– *Romeu i Julieta*, en la Sala Mozart del Auditorium, octubre del año 2000, creo que con alumnos.

– *Tot Shakespeare o no*. Estudi Zero, en el Teatre Sans, diciembre de 2002.

– *Hamlet*. Teatre Principal, 19 de diciembre de 2009, con Julio Manrique, espléndido en el famoso monólogo del «ser o no ser» y que intento aprender en inglés.

– *Tito Andrónico*. Teatre Principal, 14 de mayo de 2022 (una producción del Festival Internacional de Mérida), con música del mallorquín Antoni Mairata.

V. Óperas (Palma)

– Verdi: *Macbeth*. IX Temporada. Teatre Principal, 11 de mayo de 1995, con Joan Pons. Fui a verla solo y se hizo tan tarde que me dormí un rato. Me despertaron los aplausos.

– Verdi: *Otello*. XXVIII Temporada. Teatre Principal, 23 de mayo de 2014.

Floydianas

Con motivo del cincuenta aniversario del lanzamiento de *The Dark Side of the Moon* (1973), no queríamos olvidarnos de Pink Floyd, un grupo que ya sale en las enciclopedias: «Conjunto británico de música pop, formado en 1966...» (*Micropedia, Enciclopedia Hispánica* vol. II, p. 229, entre la trapecista «Pinito del Oro» y los pinnípedos); «grupo de rock que se caracteriza por adaptar la música psicodélica de finales de la década de 1960 al género conceptual y progresista de la década siguiente...» (*Enciclopedia Microsoft Encarta 99*); «grupo de rock sinfónico formado a finales de los años 60, uno de los conjuntos de rock más importantes de la década de los 70...» (*Gran Larousse Català*). Ahora, en la «Wikipedia», uno encuentra lo que quiere sobre el grupo, sus componentes y su discografía.

No aburramos con lo que todo el mundo sabe, y destaquemos algunas curiosidades sobre su historia:

a) Un espectáculo casi circense

«More Furious Madness from the Massed Gadgets of Auximines» era un espectáculo que Pink Floyd ofrecía en directo en 1969 y que constituyó el germen de muchos temas posteriores de su discografía oficial, aunque alguno quedó inédito. Los conciertos se dividían en dos partes: «The Man», la descripción de un día en la vida de un hombre, desde que se levantaba hasta que se acostaba, y «The Journey», un viaje sin destino conocido. Por el momento no he encontrado referencias bibliográficas de ningún personaje llamado Auximines. Mientras el grupo tocaba, un monstruo marino se paseaba por la sala y subía al escenario.

Existen algunas grabaciones piratas que recogen estas actuaciones en vivo. Una de ellas es la del Concertgebouw de Ámsterdam, el 17 de septiembre de 1969.

b) El fiasco de *Zabriskie Point*

No comprendemos la actitud de Antonioni ante la excelente música que Pink Floyd compuso a finales de 1969 para la película *Zabriskie Point* (1970). De su trabajo, el gran realizador italiano aprovechó tres temas: «Heart Beat, Pig Meat» para los créditos iniciales, una canción titulada «Crumbling Land» y «Come in number 51, your time is up», que es un remake de su clásico «Careful with that axe, Eugene». Estos temas fueron incluidos en el disco oficial de la banda sonora, junto a otros intérpretes.

Pero en 1997 se editó parte (suponemos) del material restante: «Country Song», una balada muy parecida a las de *Obscured by Clouds* (1972); «Unknown Song» nos recuerda a «The Narrow Way», del *Ummagumma*, con una frase de bajo que aparecerá en *Atom Heart Mother*, editado poco después de *Zabriskie Point*; «Love Scene-version 6» es un blues que formaba parte de su repertorio en directo. Para finalizar, «Love

Scene-version 4», un solo de piano de bella factura. Todavía queda inédito «Violent Sequence», un tema de Richard Wright que se convertiría en «Us and Them», incluido en *The Dark Side of the Moon*.

c) Pink Floyd se lanza al espacio

Una característica de la psicodelia es el gusto por el llamado «rock cósmico», del cual Pink Floyd fue, sin duda, su máximo exponente. Otros artistas que lo cultivaron fueron David Bowie, Hawkwind y Eumir Deodato.

Ya en su primera experiencia en estudio, Pink Floyd grabó «Insterstellar Overdrive», una pieza instrumental escrita e interpretada por Syd Barrett y compañía. Célebre es el *riff* con el que se inicia el tema y que se resalta todavía más en un final con efectos estereofónicos. Conocemos varias versiones de este tema: la que se editó en la banda sonora de «Tonite Let's all make love in London» y la del primer disco del grupo, *The Piper at the Gates of Dawn* (1967). También se recogió en el recopilatorio *Relics* (1971). En directo, existe una excelente versión grabada en Chicago en 1971 (del disco pirata *Ommayad*). En cuanto a versiones de otros grupos, conocemos la de Spirals Realms (1995), del disco *A Saucerful of Pink* y la de Hawkwind (1998), en un cedé que se incluía en la *Pink Floyd Encyclopedia* de Vernon Fitch.

Otro tema legendario de su discografía es «Astronomy Domine», compuesto por Syd Barett, que abre su ya citado primer elepé, y que apareció luego en vivo en *Ummagumma* (1969), esta vez con David Gilmour a la guitarra, que canta junto a Richard Wright.

Su segundo LP, *A Saucerful of Secrets* (1968), se iniciaba con «Let there be more light», un tema de Roger Waters lleno de referencias espaciales, una historia de ciencia ficción. Por su parte, «Set the controls for the heart of the Sun», también de Waters, nos cuenta la historia de un piloto espacial que se dirige, en plan suicida, hacia el sol.

Finalizamos con «Moonhead», un encargo de la BBC para un documental que se emitió con motivo de la llegada del hombre a la Luna. Es una pieza muy en la órbita de «Quicksilver», de la película *More*. Fue grabada por el grupo el 10 de julio de 1969 y se puede encontrar en diferentes discos compactos no oficiales de la banda.

Libros de mi infancia[22]

-*Niños de todas clases*, de Emilio Gómez de Miguel, de la editorial Sopena, Barcelona, 1940. Este libro estaba en casa de mi tía Dolores. Era un conjunto de ejemplos a imitar, como la vida de Narcisín: qué hacía al levantarse, qué hacía en el colegio, qué hacía en su casa; también ejemplos a evitar, como «Vidal era glotón», que se harta de pasteles el día de un examen oral. La historia más impactante era «El cieguecito», de un niño que su padre castiga haciéndole creer que se ha quedado ciego.

– *Cien figuras universales*, de Antonio J. Onieva, Burgos, 1960. De Moisés a Planck. Libro escolar de lectura de mis hermanos mayores.

– Las *100 más famosas novelas*. Seleccionadas por Enrique Sordo, Gassó, Barcelona, 1961. Podías leer *La Divina Comedia*, *El Paraíso perdido* o *Los hermanos Karamazov* en cinco minutos.

---

[22] Reelaboración del original en catalán de *La bolsa de pipas* 100 (2016), p. 96. Fui de una generación que leyó los cuentos de Perrault, Grimm y Andersen. De *Pulgarcito* siempre entendí "las botas de siete lenguas". De adolescente descubrí a Poe, Cortázar y Borges. Mi casa parecía una sucursal del Círculo de Lectores.

– *El fascinante mundo de la Biblia*, de Selecciones del Reader's Digest, Madrid, 1963. Recuerdo un mapa del imperio romano en latín y a todo color. Lo calqué muchas veces.

– *Los más bellos cuentos, El fabuloso mundo de Julio Verne, La conquista del Oeste*. Lote de libros, regalo de primera comunión. Los he releído hasta la saciedad.

– *Grandes acontecimientos de la historia*, del Círculo de Lectores, Barcelona, 1974. Curioso libro que empieza por «el asalto al espacio» y acaba en la prehistoria. La historia explicada hacia atrás, como recomendaba Unamuno.

– *Máquinas en movimiento*, también del Círculo de Lectores. Con unas magníficas ilustraciones de aviones, barcos y vehículos terrestres por dentro y a todo color. Mis favoritos eran el «Hindenburg» y la «Fortaleza Volante». Llegó a casa un día que justamente mi madre me había castigado por explotar petardos.

– *Monitor*: enciclopedia en doce tomos de la editorial Salvat, que leí entera a los diez años. El día que empezaba natación, en Son Hugo, nos dijeron que nos asignarían un monitor, y yo pensé que nos regalarían un tomo con dibujos de los diferentes estilos. Durante años mi padre esquivaba mis dudas y me decía «búscalo en el Monitor».

– Adaptaciones de las novelas de Julio Verne, por ejemplo *La isla misteriosa* y *Veinte mil leguas de viaje submarino*, mis favoritas, aunque tengo que decir que la primera novela que leí en mi vida fue *La cabaña del tío Tom,* de Harriet B. Stowe. Me la regaló Joaquín Vidal, que fue profesor mío en el CIDE.

Aprovecho para añadir tres cuentos en disco pequeño: *La bella durmiente del bosque*, *Pulgarcito* y el lacrimógeno *Regalo de Reyes.*

Esto no es una pipa[23]

El Pablo nos miraba con esa cara que no le ha cambiado en veinte años. Se acercó a nosotros y preguntó que quién comía pipas en el futbolín. Nadie contestaba, hasta que el pobre Anel, que llevaba una cáscara pegada en la mejilla, lo negó rotundamente. El Pablo nos echó a patadas a la calle, y se acabó lo de ir cada día al «Gran Prix» a jugar a máquinas durante el recreo.

Ahora hojeo el álbum Churruca de la temporada 69/70 y me viene a la mente el martilleo yuxtapuesto del Lluís Sitjar, mientras el Mallorca empata a cero, «hay pipas-cacauet torrat». Entonces le guiño el ojo al cromo de Puig, ese que en el CIDE no me quiso ni para el banquillo y que los dioses le enviaron una lluvia torrencial el día que se estrenaba como entrenador de alevines.

En la calle, después del corte de duro, se iniciaba el ritual de pelar pipas en el banco, al lado del carrito. Alguno formaba una pasta y la mezclaba con juanolas chupadas. Otros, como yo, mucho más gafes, masticábamos una piedra y decíamos, sin necesidad de matricularnos en ningún doctorado: esto no es una pipa.

---

[23] *La bolsa de pipas* 100 (2016), p. 98.

Sin saldo. Retratos y dibujos[24]

Luis Alberto Vidal nació en Palma en 1969, el año que se llegó a la Luna. Se aficionó a pintar ya desde su tierna infancia, al ver a su madre desplegar caballete y pinturas.

De formación ecléctica, tras su paso por el Politécnico y Bellas Artes, aprende el oficio de *mestre d'aixa*, aunque luego se dedicará profesionalmente a la cerrajería artística.

Se define como un pintor realista, figurativo y contemporáneo, aunque no huye de la abstracción. Sus artistas favoritos son Renoir, Monet y Van Gogh.

Luz: la busca allí donde se emite.
Color: lo crea desde la mezcolanza de los pigmentos.
Forma: la da a ritmo pausado.

Utiliza técnicas variadas como el óleo, la acuarela y las ceras para plasmar la incomunicación.

Esta va a ser su primera exposición individual.

Sabe que el espacio en blanco es el único elemento llamado a recibir las formas que se unen en una sola comprensión del saber.

---

[24] Texto de la presentación de la exposición de cuadros y dibujos de mi hermano Luis en el bar Sense Món (Palma, 26 de mayo de 2016). Ese día yo no estaba y lo leyó un hermano mío en voz alta. Al cabo de unos días todos me decían: «Qué bien escribe tu hermano».

La emergencia creativa de George Harrison
en *The Beatles* (1968)[25]

Para el *White Album,* disco de los Beatles editado en 1968, George Harrison (1943-2001) compuso seis temas, la mayoría en la India, de los que cuatro se incluyeron en el doble álbum objeto de este curso. Otro se llegó a ensayar, pero fue descartado («Not guilty»). Llama la atención la escasa participación (por no decir nula) de John Lennon en las canciones de Harrison. En cambio, Harrison siempre reconoció la ayuda de Paul McCartney a la hora de pulir sus canciones, aunque fuera a costa de más de una discusión. Paul era un perfeccionista cansino, como demostró en «Ob-la-di, Ob-la-da». Hay que recordar que el grupo grababa una pista base y luego se añadían los correspondientes *overdubs* y orquestaciones en salas diferentes.

El esperado *White Album* fue el doble más vendido de la historia hasta la aparición de *Saturday Night Fever* en 1977. Fue nueve semanas número uno en Reino Unido y Estados Unidos. Carecía de la experimentación de trabajos anteriores

---

[25] De un curso sobre *The Beatles* en el CESAG (febrero-marzo de 2018), con la participación de Francesc Vicens y Gabriel Forteza, entre otros. Este texto fue rechazado para el libro *The Beatles. El álbum del año de la revolución*, Madrid, 2019, pero fue publicado en catalán en *Mallorca Col·lecció* 20 (2018), p. 6-14.

(con la excepción de «Revolution 9») y contenía canciones de una calidad sorprendente. A George Harrison le gustaba especialmente la cara A. En España se editó el single «Ob-la-di, Ob-la-da», con «While my guitar gently weeps» en la cara B.

Los temas de George Harrison en el *White Album* se ubicaron uno en cada cara, como iba siendo habitual en la discografía del conjunto de Liverpool.

En la cara A apareció «While my guitar gently weeps». Este tema, uno de sus grandes clásicos, está inspirado en el *I Ching* (libro oracular chino de los cambios, escrito el 1200 a. C.). La expresión «gently weeps» fue una frase que le apareció al azar al abrir un libro en casa de sus padres.

El tema presenta un cromatismo descendente, se grabó primero en versión acústica el 25 de julio y se completó en catorce tomas, con la participación estelar de Eric Clapton, entre el 16 de agosto y el 6 de septiembre. La presencia del genial guitarrista calmó el tenso ambiente que se respiraba en el estudio. Clapton se resistía a participar en las tomas, pero George le convenció, aunque no se acreditó su presencia en la carpeta del disco. Intentó adaptarse al estilo Beatles para realizar el solo de guitarra con una Gibson Les Paul.

En la grabación de esta canción participaron:

George: guitarra acústica, órgano y voz solista.
Paul: bajo, piano y coros.
John: guitarra rítmica y órgano.
Ringo: batería, pandereta y castañuelas. Se descartaron unas maracas.
Eric Clapton: guitarra solista.

La letra trata de que todo acontecimiento tiene su propio fin, bajo las normas de la naturaleza relativa y cambiante de la existencia humana, como indicaba el *I Ching*, el libro de las mutaciones. Se rechaza la casualidad, todo sucede de manera predestinada, incluso cíclica. Richard Wilhelm publicó *I Ching* en 1923 y en 1948, esta vez con un prólogo de Carl Jung. En castellano fue editado por Edhasa en 1960.

No era la primera vez que *I Ching* inspiraba a un artista de rock. En 1967 Pink Floyd publicaba «Chapter 24», una composición de Syd Barrett incluida en su primer LP *The piper at the gates of dawn*, grabado en los estudios EMI y con Norman Smith de productor.

Tras la disolución de los Beatles, George Harrison interpretó habitualmente en directo «While my guitar gently weeps», y en el *Concert for George*, editado en 2003, se incluyó una versión a cargo de Paul McCartney y Eric Clapton.

«Piggies»

Ubicada en la cara B del primer disco, esta canción ya la había escrito George en 1966 y existía maqueta de las sesiones en Asher. Le ayudaron a completarla su madre y el propio Lennon. Fue grabada en Abbey Road el 19 de septiembre y acabada el 10 de octubre. Necesitó once tomas básicas. Chris Thomas ayudó en la producción y tocó el clavicordio. Ken Scott fue el ingeniero de grabación. El argumento de la canción podría ser una corrosiva y directa crítica social a los medios burgueses. Los cerdos, el poder económico y político, un precedente orwelliano del que será *Animals* de Pink Floyd (1977).

El mismo día que se grabó «Piggies», George Harrison presentó «Something» y Paul McCartney «Let it be», que se grabaron posteriormente.

La instrumentación en «Piggies» fue:

George: guitarra acústica de doce cuerdas y voz solista (filtrada para darle un toque nasal en algunas partes).
Paul: bajo.
Ringo: batería y pandereta.
Chris Thomas: clavicordio.
Músicos de estudio: cuerdas (violines, violas, violonchelos).

John Lennon no tocó ningún instrumento, pero aportó los gruñidos de cerdos, que formaban parte de un disco de 78 rpm del archivo EMI titulado *Animals and bees*.

«Long, long, long»

Última canción de la cara tres del doble blanco, fue grabada entre el 7 y el 9 de octubre en Abbey Road. Producida por George Martin, de ingeniero actuó Ken Scott. Se necesitaron más de sesenta tomas para completarla. George Harrison admitió influencias armónicas de la canción «Sad eyed lady of the Lowlands», de Bob Dylan. Tiene cierto aire de vals al estar en 6/8.

La letra es una aportación mística, según Francesc Vicens. Una balada que refleja las inquietudes religiosas de George Harrison. Dios es el receptor de la canción.

En este tema tocaron:

George: guitarra acústica y voz solista.
Paul: bajo, órgano y coros.
Ringo: batería.
Chris Thomas: piano.

Se ignora si John Lennon participó en la grabación. Llama la atención una botella de vino que resuena, accidentalmente, al final de la canción y que estaba sobre un bafle de sonido. No se borró y ahí quedó el efecto.

«Savoy Truffle»

En la última cara aparece esta broma sobre la afición de Eric Clapton a comer bombones, a pesar de tener caries. Los bombones eran de la marca *Good News* y en la canción se van citando uno tras otro: «Creme Tangerine, Montelimart, Ginger Sling, Pineapple Treat, Coffee Dessert, Savoy Truffle», etc. El agente de prensa de Apple, Dereck Taylor, le ayudó a acabar la letra. «You know that what you eat you are», le dice a su amigo Clapton, y «We all know ob-la-di, ob-la-da», seguramente a Paul.

Fue grabada en los estudios Trident entre el 3 y el 14 de octubre, con una destacada sección de metal.

Tocaron en «Savoy Truffle»:

George: guitarra, órgano y voz solista.
Paul: bajo, pandereta, bongos y seguramente coros.
Ringo: batería.
Chris Thomas: piano eléctrico.
Músicos de estudio: saxos barítonos y tenores.

De nuevo no se sabe si John participó en esta canción y, en todo caso, se limitó a hacer coros.

Los descartes del Álbum Blanco

Las canciones de los Beatles descartadas del doble blanco ha sido un tema tratado por Gabriel Forteza. No nos queremos repetir innecesariamente.

De las canciones que George Harrison tenía por entonces preparadas o compuestas en la India, se sabe seguro que la citada «Not guilty» estaba destinada al *White Album*, pero fue desechada tras unas cien tomas, entre el 7 y el 9 de agosto. Fue editada en la discografía oficial de George Harrison en 1979. En ella refleja su frustración por su papel secundario en los Beatles. *Not guilty* (no culpable) es la fórmula para absolver de un delito a un acusado en el sistema judicial americano.

Participaron en las sesiones de «Not guilty»:

George: guitarra y voz solista.
John: clavicordio.
Paul: bajo.
Ringo: batería.

Otra canción es «Sour milk sea», cedida al cantante Jackie Lomax, que la editó en single. La canción trataba sobre la meditación trascendental y hacer algo antes de quejarte de tus problemas. En este tema grabado en junio de 1968 tocaron:

Jackie Lomax: voz y guitarra.
George Harrison: guitarra.

Paul: bajo.
Ringo: batería.
Eric Clapton: guitarra solista.
Nicky Hopkins: piano.

Finalmente, «Circles», que no pasó de maqueta, fue editada por George Harrison en 1982. Es una reflexión sobre la complementariedad de lo opuesto y el carácter cíclico y a la vez pasajero de la existencia.

Cosas que hice durante el estado de alarma[26]

Aburrirme fue lo menos importante.

– Teletrabajo: preparar exámenes, corregir, revisar, reuniones virtuales, videoconferencias, atención a alumnos.

– Intervenciones en Ona Mediterrània (por teléfono): grabación del programa semanal *Ona clàssica*. Colaboraciones musicales en el programa *Matinal Bon dia*. Reuniones virtuales.

– Publicaciones:

Música de jazz / Baltasar Samper (reseña para la revista *Codalario*, 21.5.2020).

– Lecturas:

Viñetas históricas / Carlos Seco Serrano.
Una guía de la Pasión (relectura).

---

[26] *Bellver. Cuaderno cultural de Diario de Mallorca*, 3.9.2020. Faltan algunas cursivas, por pereza. He sabido que muchos famosos han publicado sus dietarios del confinamiento, explicando a qué hora se levantaban, qué desayunaban y cosas así. De la quema salvemos *Volver a dónde*, de Muñoz Molina.

Historia de las epidemias (relectura).
Inquisiciones. Otras inquisiciones / Borges (relectura).
Montesquieu: la política y la historia / Louis Althusser.
Los orígenes del Estado / José M. Sánchez Molinero.
La plagueta vermella / Manel Santana.
Sombras y luces en la España imperial / Manuel Fernández Álvárez.
La luz de la noche / Pietro Citati.
Dos biografías de Mahoma.

– Música: me tragué varias óperas en DVD: Parsifal, Fidelio, Salomé, Don Carlo, y escuché enteras la tetralogía de Wagner (catorce cedés) y las sinfonías de Mahler (nueve cedés).

– Películas de ciencia ficción que he visto por televisión:

Moon, Ad astra, La última lección, Outlander, Desafío total (remake), The thing.

– Otras pelis:

Tolkien, Salinger, El hombre tranquilo, El diario de Noah, La muerte tenía un precio, Érase una vez en Hollywood, Top Gun, Vuelo nocturno, La hoguera de las vanidades, La biblioteca de los libros rechazados, Sully, Lázaro de Tormes, Cuando fuimos soldados, La Legión Aquila, Como la vida misma, Stalingrad (la rusa, de 2013), Invencible.

– Series de televisión: Better call Saul (temporadas 4 y 5), episodios de Ley y orden, El mentalista, Big Bang Theory.

– Intervenciones en *Facebook*: publicación de veinte portadas de discos y diez películas que me impactaron.

– Aficiones: tocar la guitarra, aporrear el piano; arreglar papeles, ordenar el archivo familiar; actualizar las *Vidálicas* en mi blog.

– Fútbol: partidos del Mallorca en Movistar.

– Cuidado personal: subir y bajar escaleras, hacer un poco de ejercicio en el terrado. Me he pelado y me he dejado bigote.

Los misterios del jazz[27]

Cuando uno es pequeño escucha en *Los aristogatos* «todos quieren ser un gato jazz», pero no sabe lo que es el jazz, y se lo pregunta a su hermano mayor mientras mira un programa en blanco y negro. Es una melodía improvisada, te cuenta, es una música americana. Luego uno cursa el bachillerato y en su libro de Historia de la Música el jazz ocupa una línea, junto al pop y el rock. Después de capítulos dedicados al gregoriano, a Palestrina, a Bach, a tantos otros, llega el siglo XX y el jazz ocupa una sola frase. En cambio, vas a la universidad y te pones a escuchar esa música que no sabes por dónde cogerla, pero que quedas bien ante los amigos si te aficionas a ella o compras algunos discos y te paseas con ellos bajo el brazo.

Me hubiera ido muy bien entonces asistir a las conferencias que el músico mallorquín Baltasar Samper –por cierto, amigo de mi abuelo materno– pronunció en 1935 ante unos atónitos oídos acostumbrados a rígidas partituras, gente poco dada a canciones en vez de arias y coros, al saxofón y a la batería. Sus inquietos pies marcando el compás les traiciona. Han sucumbido frente al piano de Duke Ellington o a la trompeta de Louis Armstrong.

---

[27] Reseña de Baltasar Samper: *Música de jazz. Conferències de 1935*. Edición de Antoni Pizà i Francesc Vicens. Editorial Lleonard Muntaner, Palma, 2019, publicada el mayo de 2020 en la revista electrónica *Codalario*.

Así pues, ha sido una gran idea editar este libro que recoge las sabias lecciones que sobre jazz impartió Baltasar Samper en Barcelona, en mayo y diciembre de 1935. Los responsables de esta recopilación son los musicólogos mallorquines Antoni Pizá y Francesc Vicens; el primero, docente en Nueva York y director de la Fundation for Iberian Music; el segundo, profesor en el Centro de Enseñanza Superior Alberta Giménez de Palma. El papel de Joan Moll ha sido fundamental a la hora de recopilar toda la documentación expuesta en esta ocasión.

Baltasar Samper, exponente del nacionalismo musical catalán, pianista, folklorista y compositor (Palma, 1888-Ciudad de México, 1966) fue discípulo de Granados y de Pedrell, admirador de Bartók y Kódaly y alumno de la Academia Marshall. Recopiló canciones populares y danzas mallorquinas, compuso música de cine, operetas, música coral y sinfónica, y trabajó para Rafael Patxot en su recopilación del cancionero popular de Cataluña. Por supuesto, destacó también como crítico musical en prensa escrita y como orador. En junio de 1936 firmó, junto a un grupo de intelectuales mallorquines, un manifiesto de unidad de sangre, lengua y cultura con los catalanes. Tras la guerra civil partió a Francia y en 1942 pasó a residir definitivamente en México.

En cuanto al contenido del libro, tras una introducción de los editores, se da paso a las dos conferencias que Samper dictó en catalán, una para l'Ateneu Polytechnicum de Barcelona y otra para la asociación Discòfils, charlas con ejemplos musicales de los grandes del jazz. Completan el volumen una reseña en castellano de una de las primeras conferencias y otra sobre Ravel, unas ilustraciones y la bibliografía pertinente. Hasta existe un canal de *youtube* para seguir las audiciones.

Samper, un hombre curioso, define el jazz, lo describe, nos habla de sus técnicas, de los instrumentos más utilizados como base rítmica o como solistas, de músicos que no leen música, del compás binario obligatorio, de la estructura de las estrofas sobre las que se improvisa (AABA), de la armonía, del blues, del piano sin pedal, del *swing*. Repasa su historia, desde los orígenes africanos, pasando por la esclavitud y los espirituales negros de clara influencia luterana; también habla de su impacto en músicos como Stravinsky, Gershwin y Copland. Destaquemos los paralelismos con los glosadores isleños, las canciones de trabajo campestre y la cadencia de los conciertos para piano o violín, todo bajo un prisma didáctico sobresaliente. La improvisación o *jazz hot* evita la monotonía, decía el maestro. Para todo ello se empapó de la sabiduría de Hugues Panassié, crítico pionero e historiador del jazz, la música que atrajo entonces a las élites intelectuales de Europa.

Releer libros[28]

Pues sí, soy lector de libros ya leídos de la misma manera que no me importa volver a ver una buena película, escuchar de nuevo una sinfonía o visitar por segunda vez un mismo museo. De pequeño ya lo hacía con los cómics de Astérix o Tintín. Algún día me pasaría con las novelas, que parecen editadas para leer una sola vez y adornar nuestras paredes. No veo, pues, ningún inconveniente en recorrer visualmente las estanterías de mi casa, ver que tienen incluso fecha de compra y que ahí están, algunos, esperando la oportunidad de ser de nuevo abiertos, quizá para ser mejor comprendidos al haberlos leído cuando uno era más joven, y ahora sabe un poco más de todo, o capta segundas intenciones o el doble lenguaje que se le escaparon de niño o de estudiante de bachillerato. Incluso he llegado a recorrer librerías de lance para recuperar lecturas que perdí en su momento o volver a ver esa portada que me traslada a la infancia, cosa que me ocurre también con las colecciones de cromos o poniendo un disco de vinilo. Incluso tengo un pequeño listado de las novelas que releo cíclicamente, como son *El nombre de la rosa*, *El guardián entre el centeno* y *Demian*. En cuanto a monografías o ensayos, me encanta ver mis propias notas y subrayados, siempre a lápiz, claro. De los

---

[28] *Bellver,* 21.1.2021.

clásicos, por supuesto, *El Lazarillo de Tormes*. Muchas veces me permito ese lujo de comprobar cómo he madurado como persona o averiguar si me siguen emocionando las mismas cosas. Me pasa con lo que me hicieron leer en bachillerato. Es el momento de desempolvar historias que seguramente no entendí del todo o que leí a la fuerza.

Según algunos opinadores, releer un libro es enriquecedor, es volver a disfrutar de un viaje, es como leer una obra nueva con una nueva perspectiva, es capturar nuevos matices. Pío Baroja afirmaba que cuando uno se hace viejo, gusta más de releer que de leer.

El auge del rock progresivo[29]

El rock sinfónico o progresivo fue un intento de conjugar elementos clásicos con el movimiento *beat*. En este tipo de rock no era necesario utilizar una orquesta, existían otros elementos que lo pueden delatar: unos arreglos complicados o recargados, letras basadas en la mitología clásica, referentes literarios, surrealismo, discos conceptuales y hasta una portada con un gran interés estético. Los cambios sociales y culturales de finales de los sesenta desencadenaron una voluntad de superar las fronteras convencionales del rock primigenio. Mientras en Estados Unidos se incorporan elementos del jazz y surgen personajes eclécticos como Frank Zappa, en Europa se tiende a la integración de los nuevos sonidos con la inmensa tradición cultural romántica de la música del siglo XIX, además de con la música contemporánea y electrónica. El denominador común de los europeos fue proporcionar al rock la categoría de arte con mayúsculas y buscar la trascendencia, no olvidando la procedencia de la música popular. Los efectos de esta pretensión fueron la búsqueda de nuevas estructuras armónicas. Se pretendía que la música fuera escuchada, pensada e incluso visualizada, en detrimento de la meramente comercial y bailable. El instrumento igualaba o predominaba

---

[29] *Bellver*, 27.10.2022.

sobre la voz. Las estrellas de este universo fueron Pink Floyd, King Crimson, Yes, Emerson, Lake y Palmer, Jethro Tull (muy a su pesar) y Genesis. Por su parte, Led Zeppelin coqueteó con el hard rock progresivo en algunos de sus discos.

La banda de rock progresivo requería un vocalista intelectualoide, un teclista que dominara el piano y los sintetizadores, y un guitarrista solista. La parte rítmica no difería de otras corrientes: un bajo y una batería. Solía haber, además, un productor y un ingeniero de sonido que se encargaban de crear las atmósferas que se perseguían. No había prisa y los discos tardaban meses en gestarse y grabarse. Otra característica era la existencia de temas a modo de suites que ocupaban una cara del vinilo, como por ejemplo *Atom Heart Mother* (Pink Floyd, 1970), *Relayer* (Yes, 1974) o incluso dos, como *Thick as a brick* (Jethro Tull, 1972) y *Tubular Bells* (Mike Oldfield, 1973). Se descartaba, pues, el disco sencillo, permitiendo sobrepasar los tres minutos de rigor de cada tema. Se buscaba también el virtuosismo y el reconocimiento artístico a la mayor complejidad compositiva, un notable despliegue de paisajes instrumentales y un mayor abanico temático en las letras, todo ello facilitado por la creciente perfección en los sistemas de grabación y una excelente sensación auditiva. Los conciertos en directo mostraban una profusión de efectos especiales y montajes costosos; el más difícil todavía para adornar visualmente un tipo de música ya de por sí descriptiva.

Su origen se remontaba a los Beatles, Beach Boys y The Moody Blues, con claras influencias de la psicodelia. Cronológicamente, nos atrevemos a encuadrarlo entre 1967 y 1979, hasta que se produjo la irrupción del punk, que lo odiaba y repartía camisetas con el lema «I hate Pink Floyd». A partir del nuevo empuje social de 1976, las ideas cayeron en una mediocre repetición y en una comercialidad impropia de sus orígenes, orientándose descaradamente hacia el consumo del público adulto, sin demasiadas pretensiones y acercándose a la forma más insustancial del pop, como fue el caso de Supertramp, Alan Parsons Project y el Genesis de Phil Collins. Las nuevas generaciones los rechazarían totalmente e impondrían la simplicidad, la espontaneidad y una mayor agresividad en la llamada *New Wave* y sus ramificaciones.

De todas formas, nos centraremos en los discos progresivos más importantes del año 1972. Y lo iniciamos con el *Thick as brick* de Jethro Tull, un claro ejemplo de tema repartido en ambas caras del vinilo. La portada, un periódico de verdad, irrepetible. Lo más curioso es que Ian Anderson, el flautista de Hamelin del rock, pretendió burlarse del género tras calificar la crítica su anterior trabajo, *Aqualung*, como un disco conceptual. La letra era como si la hubiera escrito un niño expulsado de un certamen de poesía, un Milton en miniatura. Fue grabado a finales de 1971 y editado en marzo de 1972. En verano se editó *Trilogy*, de Emerson, Lake y Palmer, con pinceladas de Aaron Copland, un bolero a lo Ravel y la sintonía del Carrusel Deportivo. El virtuoso trío ya había triunfado con sus versiones de Mussorgsky y Grieg. La portada del disco la tenía que diseñar Dalí, pero sus pretensiones económicas lo hicieron inviable. King Crimson editó *Earthbound*, un disco en directo, con el repertorio de *Islands* y las letras de Pete Sinfield dedicadas a las Pitiusas. Tras *Fragile*, el grupo Yes se incorporó a la moda de las canciones de veinte minutos como «Close to the Edge», una soberbia y ampulosa sonata de gran complejidad rítmica, inspirada en Siddartha, de Hermann

Hesse, con un gran trabajo de Rick Wakeman al órgano y de Bill Bruford a la batería. Por su parte, Peter Gabriel exhibió todas sus cualidades como letrista y cantante de Genesis en «Supper's ready», del álbum *Foxtrot*. Finalmente, Pink Floyd se aventuraba en los estudios hacia la cara oculta de la Luna.

El Cid

He leído *Sidi*, de Arturo Pérez-Reverte, una recreación de algunos episodios del Cid, personaje legendario del siglo XI, desterrado por el rey Alfonso VI de León. Por cierto, en esa época se escribía Çid. Como anécdota, sale el Conde de Barcelona Berenguer Ramon II, hermano de Ramon Berenguer II y tío del futuro Ramon Berenguer III (yerno del Cid). Los catalanes son denominados francos.

La vida del Cid salía en todos mis libros de texto. La wikipedia nos dice: «Rodrigo Díaz (Vivar, seguramente 1048-Valencia, 1099), también conocido como el Cid Campeador, fue un líder militar castellano que llegó a dominar, al frente de su propia mesnada, el Levante de la península ibérica a finales del siglo XI, como señorío de forma autónoma respecto de la autoridad de rey alguno. Consiguió conquistar Valencia y estableció en esta ciudad un señorío independiente desde junio de 1094 hasta su muerte (se proclamó príncipe); su esposa, doña Jimena, lo heredó y mantuvo hasta 1102, cuando pasó de nuevo a dominio musulmán. El *Poema de mío Cid* es un cantar de gesta anónimo que relata hazañas heroicas inspiradas libremente en los últimos años de la vida del caballero castellano. La versión conservada fue compuesta, según la mayoría de la crítica actual, alrededor del año 1200».

Completo la lectura de *Sidi* con:

– *Poema del Cid*. Según el texto antiguo preparado por Ramón Menéndez Pidal. Prosificación moderna por Alfonso Reyes. «Colección Austral» n. 5, Espasa-Calpe, Madrid 1967 (22ª).

– *Poema de Mío Cid*. Edición, introducción y notas de José Jesús de Bustos Tovar. Alianza Editorial, Madrid, 1983.

– *Poema de Mío Cid*. Salvat RTV 85 / BBS 46, edición y prólogo de Luis Guarner.

– *Poema de Mío Cid*. Cátedra, Madrid, 1994 (19ª), edición de Colin Smith.

– *Poema de Mío Cid*. «Compendios», de la revista *Medieval*, Barcelona, 2004.

– El poema «Castilla», de Manuel Machado, que aprendí en EGB.

– Existe otra versión novelada de *El Cid*, la de José Luís Corral, pendiente de lectura.

– Ópera *Le Cid* de Jules Massenet (1885), algunos pasajes en *youtube*: arias más famosas y ballet.

– Cine: *El Cid* (1961), película vista por televisión de pago en versión original (los castellanos hablan en inglés). Fue dirigida por Anthony Mann y protagonizada por Sophia Loren y Charlton Heston. Se trata de una superproducción histórica de Samuel Bronston rodada en España, con música de Miklós Rozsa.

Sirvan también estas líneas de homenaje a Claudio Biern Boyd (1940-2022) por Ruy, su pequeño Cid.

Wagner se cuela en el cine[30]

Dicen que la música de cine suena bien gracias a Richard Wagner (1813-1885), que ha influenciado poderosamente en el tipo de sonidos que asociamos con la majestuosidad y la lucha entre el bien y el mal, gracias a la técnica del leimotiv: los personajes siniestros o malvados vienen acompañados por los contrabajos y los trombones; los héroes aparecen junto a la trompeta y la cuerda, creando así un sonido viril; la heroína se identifica fácilmente gracias a los violines y las flautas. El dolor se intuye en una cuarta aumentada, la locura mediante el trítono. Buenos ejemplos del cine clásico serían la partitura de *King Kong* (1933), en la que Max Steiner incide en el contraste entre la chica (cuerdas) y el monstruo (viento y percusión), o la de *Alma rebelde*, de Bernard Herrmann (1943): la dulzura de Jane Eyre frente al tortuoso tema de la atormentada mente de Rochester. También la música ayuda a identificar personajes como el derrotado y hambriento Ashley en *Lo que el viento se llevó* (1939), también de Steiner, o la figura de Cristo, siempre de espaldas, en *Ben Hur* (1959), esta vez según una idea de Miklós Rózsa. No cabe la menor duda de que Wagner habría sido un gran compositor de bandas sonoras de haber conocido el cine, y quizás hubiera encontrado definitivamente la obra

---

[30] Este artículo, ahora con pequeñas variantes, fue portada en *Bellver*, 24.5.2018.

de arte total en algo más que en unos apocalípticos helicópteros atacando una aldea vietnamita o que en una marcha nupcial, sin que te dieran ganas de invadir Polonia después de escucharla.

Música original de Wagner en el cine: el preludio de *Lohengrin*, utilizado por Chaplin en *El gran dictador* (1940) y el guiño a *Tristán e Isolda* de Herrmann en *Vértigo*, dirigida por Hitchcock en 1958. Los arreglos de Erich Korngold para *Magic Fire* (1955); *Melodía interrumpida* (1955), sobre la soprano Marjorie Lawrence, aquejada de poliomielitis; el reinado de Luis II de Baviera en *Ludwig*, película dirigida por Luchino Visconti en 1972, en la que los actores cantan y tocan mal a propósito para dar más realismo a algunas escenas: una archiduquesa no tiene necesariamente buena voz, Wagner no era un virtuoso del piano y la orquesta que interpreta *El idilio de Sigfrido* está incómoda junto a unas escaleras y tocando a primera vista justamente el día de Navidad. En *Excalibur* (1981) Wagner suena fagocitado por Trevor Jones en los créditos. En 1988 casi le dan un Goya por *El Dorado*. Finalmente, los amoríos redentores entre un director de orquesta y una diva en *Cita con Venus* (1991), del húngaro István Szabó.

Biblioteca de ópera y zarzuela[31]

Cuando uno se aficiona a la ópera y géneros similares, descubre con alivio la existencia de una bibliografía que le ayuda a entender las obras musicales representadas, sobre todo para subsanar la anomalía que supone comprar discos de ópera con un estupendo libreto traducido en inglés, francés y alemán, cosa que a algunos les dificulta una completa comprensión de lo que va a escuchar o va a ir a ver a un teatro, aunque ahora las obras se subtitulan, todo hay que decirlo, y uno puede seguir, más o menos, el argumento, y qué se dicen los protagonistas. Ayuda, claro está, el programa que regalan (o venden) al entrar. Recuerdo, por ejemplo, intentar leer el contenido de un acto justo antes de apagarse las luces, luchar para que no se me caiga al suelo, que el vecino me lo devuelva si me lo ha pedido un momento, y sortear los anuncios de piscinas, muebles de cocina y alfombras persas que se mezclan con los curriculums de los cantantes, músicos y resto de personal.

Así, tenemos, en primer lugar, el *Diccionario de la ópera*, de Kurt Pahlen (Emecé editores, Barcelona, 1995), director de orquesta austriaco y autor de más de cuarenta libros de música. El profesor Pahlen (1907-2003) emigró (por no decir huyó)

---

[31] *Bellver en abril. Suplemento literario de Diario de Mallorca*, 1.6.2023. Roger Alier ha fallecido el 29 de junio de 2023.

a Argentina en 1938, cuando el *Anschluss*. Gran pedagogo, su estilo es ameno y descriptivo, apto para profanos. El contenido de este libro de casi seiscientas páginas es muy sencillo: un agradecido índice alfabético de óperas comentadas y un catálogo de compositores y obras. Según la contracubierta, «un análisis pormenorizado de más de 170 óperas famosas y más de cien biografías de compositores». Evidentemente, lo que nos interesa es encontrar de manera rápida la ópera que buscamos, y de cada una se nos informa de su título original y su traducción al castellano, número de actos, de quién es el libreto, fuente literaria en que se basa, lugar y época de la acción, estructura y argumento, cómo es la música, las melodías, los coros, y un poco de historia (composición, estreno y funciones, anécdotas, mecenazgo).

Su gran rival en las estanterías de las librerías especializadas es *El libro de la ópera*, de José María Martín Triana (Alianza, Madrid, 1987). En esta ocasión, son cien óperas representativas, ordenadas de manera cronológica, con un apartado final dedicado a la ópera española y un glosario. De cada obra, una biografía del autor, una descripción de los números (arias, coros) y un comentario sobre su estreno, libretista, calidad y transcendencia.

Y finalizamos con el *Diccionario de la zarzuela*, de Alier, Aviñoa y Mata (ediciones Daimon, Barcelona, 1986), con una descripción de los títulos más representativos de cada autor y una discografía. Los autores lamentan en la introducción el desprecio a este género lírico, que hasta hace poco parecía «pasatiempo para jubilados». Las cosas han cambiado, y uno ya no se avergüenza de ser aficionado a la zarzuela. Incluso sus inolvidables melodías han cruzado fronteras.

Campanas tubulares[32]

No cabe duda que la publicación, en 1973, de la obra maestra de Mike Oldfield titulada *Tubular Bells* sorprendió a todo el mundo. Un joven músico era capaz de grabar un disco en el que tocaba todos los instrumentos, o casi todos. Nos descubrió la grabación por pistas, es decir, sobre una base de piano iba añadiendo bajo, teclados y diferentes guitarras. Se hizo de manera artesanal. Era la magia de los estudios de grabación de entonces.

Siguiendo los métodos de Sierra y Fabra en sus *Disrockgrafías*, intentaremos analizar la publicación de este disco, que se consagró gracias a un fragmento que se oyó en la película *El exorcista*, y en menor medida porque era la música de *Torneo*, un concurso televisivo de nuestra infancia. Quiero decir con ello, que nos basaremos, sobre todo, en la información que brinda la cubierta del disco, aparte de alguna que otra consulta bibliográfica, como es el caso de *El mundo sonoro del siglo XX*, de Manuel García Gargallo (Documenta Balear), y el primer tomo del *Atlas de Música* de Alianza Editorial.

Para empezar, digamos que el disco original lo publicó, tras muchas dificultades, la Virgin Records de Richard Bran-

---

[32] *Bellver en abril*, 20.7.2023.

son y que fue grabado en el estudio The Manor (a las afueras de Londres) entre el otoño de 1972 y la primavera de 1973. El sonido corrió a cargo de Tom Newman y Simon Heyworth. La portada del elepé mostraba una foto de Trevor Key, que ya se ha convertido en un icono del rock progresivo: parece un nudo, pero es una retorcida campana tubular que flota sobre una playa. Las campanas tubulares forman parte de la familia de los idiófonos. Se trata de tubos afinados y suspendidos hechos de bronce o latón que se percuten en el borde superior.

El disco consta de un solo tema, de casi una hora de duración, repartido entre las dos caras del vinilo, y se suceden los instrumentos interpretados por Mike Oldfield, cuya lista puede ser consultada en la contraportada del álbum: piano de cola, xilofón, órganos Farfisa y Lowrey, bajo, guitarra eléctrica y acústica, mandolina, *flageolet*, percusión y campanas tubulares en la primera cara, además de las flautas de Jon Field, el contrabajo de Lindsay Cooper, un coro nasal y las voces de Mundy Ellis y de su hermana Sally Oldfield. Como maestro de ceremonias figuraba Vivian Stanshall, que se encargó de dar paso a los instrumentos en la conocida coda de la primera parte. Respecto a la segunda cara, Mike Oldfield toca esta vez guitarra eléctrica, española y acústica, órganos Lowrey y Hammond, bajo, piano y timbales. También suenan los sorprendentes aullidos de un cavernícola, varios coros y la batería de Steve Broughton. Finaliza esta suite con un tema tradicional titulado «The Sailor's Hornpipe».

En 1975 apareció una versión, a modo de poema sinfónico, de *Tubular Bells* bajo la batuta y el arreglo de David Bedford, que dirigió a la Royal Philharmonic Orchestra, con el propio Mike Oldfield a la guitarra.

Xisco Regué, de ABABS, me ha facilitado información sobre la música de *El exorcista*. En un principio tenía que ser Bernard Herrmann el encargado, pero a Friedkin, realizador de este impactante trabajo, no le convenció su idea de suprimir las escenas iniciales (en el desierto) y mucho menos el sonido de un órgano de iglesia omnipresente; después el director rechazó la partitura que compuso Lalo Schifrin y prefirió la música de Penderecki, Webern, Henze, y por supuesto, la de Mike Oldfield, cosa que se tradujo en beneficios económicos y empresariales tanto para Branson, propietario de la discográfica, como para el propio guitarrista británico, sorprendido al fin y al cabo por el éxito que alcanzó con su primer trabajo.

Rollos macabeos

De 1983 a 1986 jugué a ser editor, a base de fotocopias hechas en Bohigas y ejemplares grapados. La editorial se llamaba «Rollos macabeos». El primer número fue *Historias para no leer*. Otros títulos fueron *Bisiesto 1984* y *El gusano*. Se trataba de cuentos cortos (que llamé «Microrrelatos»), la mayoría publicados en revistas universitarias y en fanzines diversos. No voy a comprometer a otros colaboradores, pero los hubo.

Treinta años y un día en las aulas

Cuando yo era pequeño, todos bebíamos agua del grifo, todos menos mi padre, que bebía agua de Binifaldó. Tuve que terminar una carrera para descubrir qué era eso de Binifaldó. En cambio, desde el colegio supe de Viriato y me aprendí afluentes del Ebro que no he visto nunca.

Como muchos saben, yo lo apunto y lo archivo todo. Pero me ocurrió una desgracia: me robaron del coche un maletín con mi diario y los triángulos de emergencia, así que he decidido repasar mis andanzas en escuelas, colegios, institutos y universidades antes de que se me olvide.

I. El CIDE

«Cerdos Importados del Extranjero». Me cansé de oír este chiste durante años. La verdad es que CIDE significa nada más y nada menos que «Centro Internacional de Educación». Este colegio privado está situado en Son Cigala, una finca que fue de mi bisabuelo y que la EMT escribe mal. Mi madre me lo repetía una y otra vez: «hijo mío, esto que ves fue un día de mi abuelo». El director del CIDE era don Guillermo Estarellas, un meteorólogo que mi padre conocía del aeropuerto. Cada día nos ofrecía una charla en su emisora privada que acababa con un Padrenuestro.

Empecé en el CIDE allá por el año 1970, y llegamos a ir seis hermanos a la vez: los Vidal, toda una institución. No me acuerdo de las «señoritas» que tuve en párvulos, pero sí de algunas anécdotas: el parvulario era mixto, el babero era marrón, me quedaba a comer y por la tarde, después de la siesta, nos lavaban la cara con una esponja. El primer día me hice pipí mientras rezábamos y me cambiaron de pantalones, se ve que tenían un ropero preparado para tales menesteres. En esa época vivíamos en la base aérea de Son San Juan y un soldado nos llevaba cada día al colegio en una furgoneta gris. Creo que el sábado por la mañana también había clase. Para mí, Palma era la Rambla, donde vivían mis tías. Luego nos trasladamos a los pabellones de las Avenidas, perro incluido, y empecé la EGB. Para ello tenía que coger cada día el autobús enfrente del que llamábamos «edificio Renault». Todo el mundo me llamaba «Vidal», y la broma más extendida era la de llamarme «Zumos Vida».

Un paréntesis ahora para la catequesis y la primera comunión, que hice en San Miguel en mayo de 1974, junto a un montón de niños, todos de blanco, y yo con pantalones cortos y una enorme cruz colgada al cuello. La fiesta fue en casa y, entre los regalos que recuerdo, había unos cubiertos de plata, un servilletero de plata, una medallita de plata, un calzador con mango de plata y un abrecartas de plata.

II. La Escuela Graduada

En septiembre de 1975 mis padres me matricularon en el Colegio Nacional Gabriel Alzamora López, más conocido como «La Escuela Graduada». El cambio fue brusco, y de ahí viene el drama de la clase media: en el CIDE yo era pobre entre ricos, y en el Gabriel Alzamora era rico entre pobres. El patio me pareció enano, acostumbrado a los campos de deporte del CIDE. El idioma era el mismo, pero con un matiz peculiar: de un castellano «estándar» que hablábamos todos en el CIDE pasé a oír dialectos verdaderos, en especial el andaluz. Juro que en mi primer recreo en la Graduada no me enteré de nada. La sociolingüística me golpeó cuando un maestro, que me encontró perdido por los pasillos de la escuela y me rescató, me dejó bien claro que se llamaba «Pere» y no «Pedro». Hasta se lo conté a mi madre, que se horrorizó de que tuviéramos que aprender a pronunciar algo tan complicado como la «e» neutra final átona. Ese profesor, después inspector, que me abrió los ojos (y las orejas) era nada más y nada menos que don Pere Ríos. Noté, además, otros cambios, como aquel día de finales de agosto que iba a Galerías Preciados a mirar los libros de texto. En un estante, San Cayetano; en otro, San Francisco; en otro, Madre Alberta. Ahí estaban, al alcance de la mano. Y yo le preguntaba a la cajera, «¿no tienen los libros de la Escuela Graduada?» Y claro, ni sabía de qué le hablaba. Y es que me pasaba todo el verano esperando «los libros», eso que ahora quieren regalar comprando detergente. También cambié de aficiones: me pasé al *Lego* y a las maquetas de aviones. Jugué a baloncesto (en el Patronato) y a hockey (en la plaza de los Patines).

El director de la Escuela Graduada era don Bernardo Sintes, que era de los verdaderos, de pata negra, vamos. Le faltaba un ojo y mi madre, fuera a la misa que fuera, se lo encontraba, y me decía: «he vuelto a ver al director en misa». La «señorita» de quinto nos dictó el horario y se preocupó de los cinco minutos de rezo a primera hora. También solía escribir una frase ejemplar en la pizarra, tipo «Jesús quiso nacer pobre». Su debilidad era castigarnos haciéndonos copiar quinientas veces «Debo respetar y obedecer a la señorita». Para enseñárselo a mi padre me inventé una trola: era un ejercicio de ortografía, y mi padre me contestó: «¡tonto, esto es un castigo!»

En el Gabriel Alzamora conocí a mi mejor maestro y una de las personas que más ha influido en mi vida profesional y también personal: Francisco García Caraballo, conocido por todo el mundo como «Don Paco».

III. El Instituto

En el Ramon Llull entré por puntos, ya que por zona no me correspondía. La mayoría de mis compañeros de octavo se fueron al Maura a hacer BUP. Lo de hacer FP nos sonaba entonces a barracones, casi a delincuencia. Una buena nota de Graduado Escolar y tener una hermana matriculada en tercero de BUP me permitieron ir al Ramon Llull. Sé que mi madre era pariente de don Pep Font, pero no creo que tuviera que pedirle un enchufe. Y es que en mi casa no cabía otra cosa que ir al Ramon Llull. Instituto equivalía a Ramon Llull, y creo que todavía existe esa sensación (junto al ex-femenino Joan Alcover) en el subconsciente burgués palmesano. Basta mirar una sección de anuncios clasificados: se alquila piso «en zona institutos» o el nombre de una parada de bus. Todo el mundo sabe por dónde es. En fin, que ahí donde estudiaron mi abuelo, mis tíos abuelos (uno de ellos está retratado en la Sala de Profesores), tíos y hermanos, ahí estudié yo el Bachillerato Unificado Polivalente y el Curso de Orientación Universitaria.

Muchos de los profesores que tuve en el Ramon Llull eran catedráticos y rondaban los setenta años. Y es que, del Ramon Llull, aunque te digan que no es un buen destino, nadie se mueve. El director era entonces el señor Cerdà, aunque lo traté poco. Luego lo sería el señor Pla, que venía del CIDE. El director daba una charla el primer día y luego te escondías si te lo encontrabas por casualidad. De los jefes de estudio no supe ni lo qué eran, no es como ahora que todo el día tienen una legión de quejicas detrás, y siempre con la misma frase preparada: «Yo no he sido». Y la sala de profesores... esa la he visitado yo ahora, veinte años más tarde. Un verdadero santuario, con butacas y cuadros en las paredes. De los catedráticos, recuerdo lo primero que nos dijo el profesor de Griego: «el griego no os servirá para nada».

Cuando acabamos COU, nos examinamos en Magisterio de las puebas para el acceso a la Universidad. Había muchos nervios y muchas instrucciones. Las frases que más se oían eran «¡No me hagan pardaladas y no copien!», «¡escriban en las hojas que les damos!», con un fuerte acento mallorquín. Las pruebas de selectividad se iniciaban con un comentario de texto y una conferencia. El segundo día era el más fuerte: comunes y optaivas. En Lengua Castellana creo que había que analizar una oración compuesta y en Filosofía había que comentar un fragmento de alguna obra. En las optativas me tocó lo que quería: de Latín e Historia, César y el nazismo, respectivamente. ¿Qué más podía pedir? La prosa de César es fácil, y de los nazis les conté alguna película. Saqué un 6 y me bastó.

En verano de 1983 empecé el Servicio Militar, que acabé en octubre de 1984. Uno de los primeros días quisieron saber nuestro nivel de estudios. A los que teníamos el Graduado Escolar, nos dieron un bolígrafo; a los que no, les dieron un lápiz. De todas formas, en la mili es mejor hacerse el tonto. Lo típico es que algún veterano pregunte «¿alguien sabe escribir a máquina?», uno con gafas levante la mano y le den una escoba para barrer el patio de armas.

IV. La Facultad

Dudé hasta el último momento si estudiar una filología o Historia. Al final me decanté por esto último. Como las clases eran por la tarde, me acostumbré a trasnochar, y me enganché a *Polvo de estrellas*, el programa de cine de Carlos Pumares de la SER.

La carrera de Historia pertenecía a Filosofía y Letras, y se cursaba en el edificio de Letras (así, a secas) del campus, recién estrenado, ya que unos meses antes (ahí formalicé la matrícula) todavía estaba en Son Malferit (actual CEP). Ahora se llama Edifici Ramon Llull, y hasta hace poco no le pusieron cartel. Yo he sabido de casos de gente que ha confundido el edificio de Letras con el Instituto Ramon Llull, que por cierto tampoco tenía placa. Y hablo de gente que opositaba o se presentaba a Selectividad. Y es que tenemos el monumento a Ramon Llull, el retablo de Ramon Llull, la calle Ramon Llull, la parroquia Ramon Llull, el colegio Ramon Llull, el equipo de fútbol Ramon Llull, el Instituto Ramon Llull, la editorial Ramon Llull, la Cátedra Ramon Llull, l'espai Ramon Llull, el asteroide Ramon Llull, la Biblioteca Ramon Llull y el edificio Ramon Llull. Hasta conozco a un tipo que se llama Ramon Llull.

Y no podía olvidarme del CAP, el Curso de Adaptación Pedagógica, que lo organizaba el ICE de la Universidad y que te permitía después dar clases. La parte teórica fue en la facultad, y consistió en conocer la psicología de los adolescentes y programar los temas. La parte práctica la hice en el IES Ramon Llull (cómo no). Mi tutor fue (yo lo elegí), Toni Diéguez, que me puso un sobresaliente.

V. El profesor Vidal

Antes os hablaré de los cenizos: cuando entré de eventual en Iberia, me dijeron «no te llamarán el año que viene», y me llamaron. Al tercer año, me dijeron «no te harán fijo discontinuo», y me hicieron. Cuando quise ser profesor interino, me dijeron «no te darán plaza», y me la dieron. Cuando quise opositar, me dijeron «no aprobarás», y aprobé dos oposiciones. Cuando concursé por primera vez, me dijeron «no te darán plaza en Palma», y me la dieron.

En 1990 empecé mis labores como docente. Tras un paréntesis de cuatro años en que trabajé en Iberia como administrativo (información y equipajes perdidos, reserva de billetes, tráfico de pasajeros), con la interinidad bajo el brazo y mi Talbot Samba de segunda mano, recorrí todas las islas, todos los sistemas educativos y todas las ITV.

Todo empezó cuando me presenté a una adjudicación de plazas. Yo me había apuntado a varias listas e iba «a mirar». Haber cursado latín en la universidad, me permitió ejercer por primera vez. De la emoción, al volver a mi casa en moto, me perdí por el Polígono de Levante. Al día siguiente pedí la excedencia en Iberia y mis compañeros de equipajes perdidos me regalaron una maleta abandonada.

En 1993, tras dos intentonas, decidí presentarme a dos oposiciones de Geografía e Historia: una en Palma (MEC) y la otra en Catalunya. Las aprobé ambas. En Palma me tocó un tema que me sabía muy bien («La configuración territorial de España») y en Barcelona otro tanto («La Segunda República y la Guerra Civil»). Me ayudaron una estampa de Cristo en el bolsillo de una camisa sudada («Sequere me») y una vela encendida en casa de mi madre. Renuncié, claro está, a la plaza en Catalunya y pasé a hacer las prácticas en Palma, en el IES Josep Sureda i Blanes, que entonces se llamaba IB nº 8.

Tras mis experiencias opositoras, escribí y grabé una ópera rock titulada *De interino a funcionario*. Durante el perído de prácticas mi amigo José Manuel (epd) y yo escribimos *Son Gotleu Story*.

He dado clases de geografía, historia, arte, latín, lengua castellana, música, ámbito lingüístico-social, taller de informática, transición a la vida adulta, ética y alternativa a la religión. Apodos que me han puesto los alumnos (y los he descubierto): Emilio Aragón, Feliz Navidal, Vidal Sasoon, Jordan, Macario, Colombo, Austin Power, Palermo, Jordi Dann y Mejo.

Han pasado treinta años y todavía sueño muchas veces que llego tarde, que no encuentro el instituto o que soy incapaz de mantener el orden en clase.

Seis poemas

La muerte de mi prima cuando yo tenía cuatro añitos y ella siete[33]

Mece con furia la Parca sus hilos,
amanece con terror un día gris.
Y todos lloran, la Rambla entera llora.

La visten de blanco, la entierran de blanco,
en comunión con el dolor
no me han dejado despedirme de ti.

Roban los dioses una vida,
esparcen su injusticia y el dolor entre nosotros, los mortales.

Eres mi primita que espera en el cielo,
solo tú sabes lo que yo sufrí cuando nos dejaste.

---

[33] Publicado en el *Periódico Literario Etcétera* (Zaragoza) 41 (2003). Román Piña me dijo que solamente le gustaba el título. Mailín nació en 1962 y murió en 1969. Como no le dio tiempo a hacerla, fue enterrada vestida de primera comunión. Mi padre lloró toda la noche.

Por tierras de Sissí (poema cursi)[34]

El Emperador-Rey, gran príncipe, margrave, duque y señor
de viejas tierras de opereta está triste.
Vomita la Sacher sobre las alfombras de Palacio y maldice su
[destino
Los valses enmudecen al paso de la desgracia,
en tres por cuatro
mueren los hijos,
muere la esposa violada que estudiaba griego y húngaro
y el peluquero peina el ébano con sonrisas y lágrimas.

Gentes políglotas y trilingües han perdido ya el tranvía,
todo se deshace junto a San Esteban,
y una lección de Historia resbala en las ventanas de mi vagón
[de segunda,
de Bratislava a Viena,
el Danubio negro,
la lluvia gris,
y un hotel de habitaciones arrugadas que velarán mi insomnio.

---

[34] *La bolsa de pipas* 43 (2003), p. 15; también en *El último Jueves. 15 años de poesía on the road.* Calima, Palma, 2011, p. 189. Escrito en un tren Viena-Bratislava.

La última cala

A mi hermano Javi (1960-2023)

La infancia feliz que se fue un día
de verano en un Fiat,
en una fiambrera,
en una digestión.

Nadando en la playa
de nuestros recuerdos,
mojándonos la cara
y el horizonte vacío

Las olas nos salpican,
ríe que te ríe,
o la espuma del puente natural
que se escurre ahora en mis recuerdos,
careta, tubo y patos.

Y una barca de goma,
remando al viento
del no volver.

Luego nos llovió a todos
Y un arco iris te enseñó el camino.

Soneto a una programación[35]

Programación me manda un ser guerrero.
Cinco Puntos dicen es programación.
Contenidos y objetivos, ¿solución?
Yelmo y una espada blande ya mi herrero.

Interdisciplinar ayuda espero.
De Historia o Geografía hago mención.
Huyo, huyo mas me estorbo y pierdo avión,
¡Ah del Castillo! ¡Abridme ya, portero!

Pienso, luego existo, un sabio dixo.
Piensa, luego dime, ¿qué es un mínimo?
¿Curricular adaptación? Yo dudo.

Hechos o procedimientos, eso es fixo.
Parésceme amalgama, no soy químico.
Que facer programas es muy duro.

---

[35] Este ejercicio, con influencias de Milton y Lope de Vega, fue dedicado a Víctor Guerrero (epd) y publicado en el *Periódico Literario Etcétera* (Zaragoza) 37 (2002). Si no recuerdo mal, Víctor Guerrero lo tiró a la papelera nada más leerlo. *Del Castillo* se refiere a la
ministra de Educación de entonces.

Alan Parsons LOGSE[36]

What goes up...

Viajo desde un aula
a la sala de profesores
a alimentarme de amistades
y a vomitar la tiza y el borrador.

Remontaré el vuelo
como hizo el águila
que se perdió en su nido
y que ha sido llamada
a devorar las entrañas de Prometeo encadenado.
Día tras día.
En el Cáucaso de los pasillos.

Un río más
y todavía no se divisa horizonte alguno.
Solo pupitres
y un gran ábaco
que calcula mis innumerables desgracias.

---

[36] *La bolsa de pipas* 56 (2005), p. 24. Este poema está basado en las letras del *Pyramid*, disco de Alan Parsons Project editado en 1978.

El instituto es
el regazo de los dioses
en los que ya no creemos.
La gran casa de la mentira.

En el fondo
no somos más que sombras
de un hombre solitario.

Biografía

Tuve padre y madre
y seis hermanos,
casa y patio.

Fui al colegio, al instituto y a la universidad.
Tuve muchas guitarras y escribí artículos en un periódico.

Mi sastre es rico
y mi corazón ama a un árbol más viejo que el olivo.

Cómo convertir un poema en un relato breve

Una vez escrito el poema podemos hacer dos cosas: traducirlo al catalán para enviar a un concurso local (cosa que dejo para otra ocasión) o convertirlo en un relato breve, simplemente copiando el poema y juntando los versos, uno detrás de otro, como frases de toda la vida.

Veamos:

Poema original «Mobbing Dick», publicado en la revista literaria *Etcétera* de Zaragoza en 2001:

Iscariote de oficina,
me vomitas
en forma de quejas y lamentos
tus chivatazos de chistera.
Y siempre delante de los jefes.

Judas que me besas solo a mí,
quieres escalar sobre mis vértebras,
lecherita.
Algún día tu mala leche te salpicará.
Y será delante de los jefes.

Y ahora lo pasamos a prosa:

Iscariote de oficina, me vomitas en forma de quejas y lamentos tus chivatazos de chistera. Y siempre delante de los jefes. Judas que me besas sólo a mí, quieres escalar sobre mis vértebras, lecherita. Algún día tu mala leche te salpicará. Y será delante de los jefes.

Este poema (o relato breve), entonces, puede ser enviado a dos concursos literarios. El problema sería ganar más de un premio, podrían descubrir el engaño.

Apariciones en prensa

I. Entrevista en *Etcétera*[37]

¿Cuántos libros hay en tu biblioteca? En mi casa tengo unos tres mil libros. Antes los tenía fichados y catalogados. Mis padres leían mucho y se puede decir que he crecido entre libros y enciclopedias.

Autores que te han impresionado: el primero, cronológicamente hablando, Julio Verne; en mi adolescencia, como a casi todos los que escribimos, Kafka, Cortázar y Borges; más adelante Camus, Hermann Hesse, Robert Graves, Pío Baroja, Cela, Cervantes, Andersen, Quevedo, García Márquez, Vargas Llosa; autores mallorquines como Baltasar Porcel y Carme Riera. También me intereso por los cuentos de hadas, que leo desde que era un niño (Perrault, Grimm), la Biblia y un largo etcétera.

¿Por qué escribes? Siempre me ha gustado contar cosas.

¿Miedo al folio escrito? Con el ordenador ha desaparecido este concepto. Simplemente, lo apago y espero.

---

[37] *Periódico Literario Etcétera* (Zaragoza) n. 35 (octubre de 2001).

¿El amor a la literatura te encierra en ti mismo? No entiendo la pregunta, pero creo que hoy en día es difícil compartir gustos estéticos con la gente. Enseguida te tachan de pedante. Lo que no hago es citar autores raros ni libros de cabecera.

¿Qué piensas de las revistas marginales? Que son una oportunidad para los que empezamos. Siempre quise montar alguna. De hecho, en 1983 creé la Editorial Rollos Macabeos, a base de fotocopias.

¿Cuál es tu método de trabajo cuando escribes? Escribir sin corregir, sin borradores. Siempre me he considerado una persona espontánea.

¿El mejor aprendizaje para escribir? Leer, hablar, escuchar, convertir lo que te rodea en ficción, aprovechar cualquier anécdota.

¿Poesía o prosa? Las dos cosas, aunque en poesía es fácil caer en lo cursi.

¿Qué piensas de los concursos literarios? Son una buena oportunidad para publicar, pero te decepciona no ganarlos, como es mi caso.

¿Algún escritor conocido te ha firmado una dedicatoria? Una vez tuve a mi lado a Vizcaíno Casas y me firmó un libro suyo. Creo que fue en Galerías Preciados. El resto de libros que tengo dedicados son de amigos míos.

II. Planeta pipista[38]

Jordi Vidal es un genio. Un barbas renacentista con un sentido del humor refinado y desvergonzado. Guitarrista, poeta, tonadillero, y ante todo coleccionista de miniaturas de la realidad, de cualquier pequeña insignificancia que caiga en su conocimiento, con fecha, lugar y hora.

III. Román Piña[39]

Jordi Vidal es un personaje fascinante, tiene la rara virtud de tocarte las narices con una naturalidad de niño pequeño que deja perplejo. No sabe lo que son las dobleces, ni le preocupa demasiado quedar bien. Va a contracorriente, y eso significa que tiene un sentido común envidiable. Tiene un pronto estupendo que le impide caminar al ritmo del rebaño.

IV. El balcón, por Miquel Àngel Vidal[40]

Jordi Vidal Reynés, profesor, investigador y columnista de prensa, es coautor del libro *Historia del RCD Mallorca* junto a Miguel Vidal, y antólogo de los textos de Guillem Reynés Font en *Arquitectura i art a Mallorca*, publicados por la editorial Documenta Balear. Está ahora mismo inmerso en diversos

---

[38] Revista *No badis* 84 (2002), p. 19.
[39] *El Mundo/El Día de Baleares*, 8.3.2005.
[40] *Ultima Hora*, 4.7.2007. El homenaje a don Pep Font se publicó en la revista *Estudis Baleàrics*. Los artículos fueron publicados en *Dentista de cocodrilos* (2007) y *Els quatre elements* (2008). Finalmente, la biografía de Gaspar Reynés Coll fue publicada en 2012 por su primo Guillem Reynés Muntaner.

proyectos como son coordinar un número de la revista *Estudis Baleàrics*, dedicado a la figura de Josep Font i Trias, en la selección de un conjunto de sus propios artículos y en la realización de la biografía de Gaspar Reynés Coll, su bisabuelo.

V. Rara avis[41]

Jordi Vidal. Coleccionista compulsivo. Locutor de radio, guitarrista de rock, escritor, dibujante y profesor. Su casa, casi como su vida, es un cajón de sastre en el que se puede encontrar de todo: una multitud de *siurells*, decenas de libros antiguos, sellos, tarjetas de embarque y estampas religiosas.

VI. La Semana Trágica[42]

Por arte de magia me ha llegado su obra *Lliure elecció de vers*. Es imposible situar a Jordi Vidal en algún compartimento literario, él va por libre, a su aire, escribiendo y analizando la realidad inmediata sin tapujos. Hay poemas de una gran sensualidad literaria. Y tengo una especial devoción por «Alan Parsons Logse».

---

[41] Laura Jurado: «El cazador de sellos y estampitas». *El Mundo/El Día de Baleares*, 21.8.2007.
[42] Antoni Serra (epd). *Ultima Hora*, 27.9.2015.